KB233501

이동과 정착의 경계에서

재한 조선족의 실천전략과 정체성

이동과 정착의 경계에서

재한 조선족의 실천전략과 정체성

방미화 지음

이담 Books

■ 책을 펴내며

내가 태어난 고향은 중국 연변의 한 편벽한 산골이었다. 우리 동네는 겨우 십여 호가 모여 사는 작은 곳이었지만, 적은 음식이라도 함께 나누어 먹으며 사이좋게 어울려 살던 마을이었다. 그러나 언젠가부터 동네의 집들은 주인이 떠난 채 하나둘 빈집으로 되어 갔다. 뒤늦게야 알게 되었지만 나의 이웃들은 개혁개방의 시대적 흐름 속에서 아무도 모르는 사이에 서로 부를 비교하게 되었고, '부의 창출'을 위해 고향집을 비우고 농촌을 떠나 도시로 이사 갔던 것이다. '부의 창출'이 모든 가족의 가장 큰 중대사로 부상되는 시대의 흐름을 타고, 우리 가족도 예외 없이 내가 7살 때쯤 산골마을을 등지고 도시로 이사하였다.

그러나 도시로 이동한 우리 가족은 창업과 생존의 어려움을 겪게 되었고, 동원할 수 있는 자원이 거의 없는 상황에서 내가 초등학교를 졸업하는 1994년도에 어머니는 호주로 떠나셨다. 이렇게 우리 가족은 이산가족이 되었다. 우리 가족이 이산가족이 될 당시 조선족 사회에서는 마침 '한국바람'이 불기 시작했고, 돈을 벌기 위해서 조선족들은 너나없이 자신이 살던 공동체를 떠나 한국을 비롯한 해외로 떠났다. 따라서 조선족 사회에는 편부모 가족, 기러기 아빠, 자녀부양, 청소년 범죄 등 사회적 문제가 생기기 시작했다. 부를 축적하는 것이 모든 가정의 중대사가 되자 가정을 책임질 수 없는 남자는 무능력자로 전락하였고, 더불어 이혼, 가정폭력, 자녀교육 등 새로운 사회문제들이 속속 부상하였다.

대학원을 졸업할 무렵 어린 시절부터 연변과 나의 가족에 불어닥친 사회변화와 그에 따라 발생된 여러 가지 사회적 문제에 관심을 가지게 되었고, 결국 사회학을 공부할 계획으로 한국 유학의 길을 택하게 되었다. 한국으로 유학 온 이후 한국에서 살아가는 조선족들의 삶이 끊임없이 변화하는 중국 조선족 사회의 변동과 유기적으로 이어진 것이라는 것을 피부로 깨닫게 되었고, 나의 초기 관심은 자연히 한국에서 살아가는 조선족의 삶에 대한 관심으로 이어지게 되었다.

2008년도부터 한국에서 살아가는 조선족들과 접촉하면서 그들의 삶의 이야기에 귀를 기울이기 시작했다. 한 사람의 삶의 여정을 듣는 일이란 항상 열정과 호기심, 깨달음과 앎, 쓰라림과 아픔, 해탈과 희망, 침묵과 여운을 동반한다. 그만큼 그들의 삶의 이야기는 깊고 넓었다.

그러나 한 가지만은 분명했다. 즉 고향에서 잘사는 방도를 찾기 힘든 조선족들은 한국으로 입국하면 돈을 벌 수 있으리라는 기대와 법적·제도적 제약 사이에서 탈출구를 찾기 위한 행위자로 변모한다는 것. 폐쇄에서 개방의 공간으로 나아가는 길은 부푼 기대와 법적·제도적 제약들이 상충하면서 '불법'이 일상화되며 결국 그들의 삶은 신체와 돈의 이야기들로 가득차게 된다는 것. 또 한 가지 더 주목해야 할 것은 그들은 자신이 처한 사회적 조건을 종 종 조선족이라는 자신의 민족적 조건과 연관 지어 해석하고자 하며, 해석에 따라 일상적 실천의 방식도 다르다는 것이다. 이러한 사회적 현실에 기초하여 나는 재한 조선족을 연구함에 있어서 무엇보다도 그들의 실천방식과 민족적 소속에 대한 주관적인 느낌, 인지, 감각들을 그들의 사회적 삶을 재조명하는 바탕으로 삼고자 하였다. 그리고 그들의 삶의 세계를 드러내기 위한 작업의 결과가 「재한 조선족의 정체성과 일상적 실천」의 제목으로 작성한 박사 논문이다.

재한 조선족은 국제화 시대 이주 행위주체들이 일상에서 맺는 복잡한 사회, 정치, 문화적 관계를 고찰하는 데 적합한 대상이다. 그들의 일상적 실천은 미시적 수준에서 수행되는 문화적 실천들의 성격을 고찰하기 위한 중요한 주제이다. 이 글에서는 재한 조선족들이 한국에서의 사회 경험을 통해 어떻게 스스로를 규정지으며 살아가고 있는지, 그들의 정체성은 어떻게 지속 변화되고 있는지에 대한 해답을 찾고자 했다.

끝으로 이 책이 출간되기까지는 많은 사람들의 관심과 도움이 있어 가능하였다. 먼저, 자료를 수집하는 과정에서 자신의 진솔한 삶의 이야기를 들려주신 조부모, 부모 형제분들에게 감사의 인사를 올린다. 그들은 나를 딸처럼 친구처럼 동생처럼 믿고 나의 연구에 적극적인 협력을 아끼지 않았다.

또 이들의 소중한 이야기를 논문으로 엮어내는 과정에서 내가 방황할 때마다 격려와 힘을 주신 분들에게도 감사의 인사를 드리고 싶다. 나를 시종일관 믿고 지켜봐주신 김경일 지도교수님, 따뜻한 관심과 배려의 말씀 한마디로 마음의 평온을 가져다주신 김복수 교수님, 내가 용맹 정진할 수 있도록 자신감을 북돋워주신 한도현 교수님, 길이 막힐 때마다 멋진 아이디어로 뚫어주신 서호철 교수님과, 그리고 갈림길에서 방황할 때마다 나에게 나아갈 방향을 제시해주신 이창호 교수님, 현지에 용감하게 뛰어들어 조사를 원만히 마칠 수 있도록 도움을 아끼지 않은 정수남 교수님, 여러 가지 도움을 준 나의 동학들, 사랑하는 나의 가족들, 학문의 길을 든든하게 걸어갈 수 있도록 책의 출간에 힘써주신 김현선 선배님 등, 내가 평생 마음에 간직할 모든 분들에게 지면을 빌려 깊은 감사의 인사를 올린다.

방미화

CONTENTS

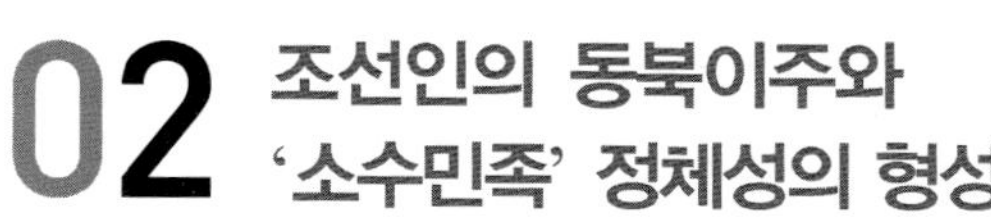

02 조선인의 동북이주와 '소수민족' 정체성의 형성

03 한국의 사회적 현실과 차별의 경험(1992년 이후)

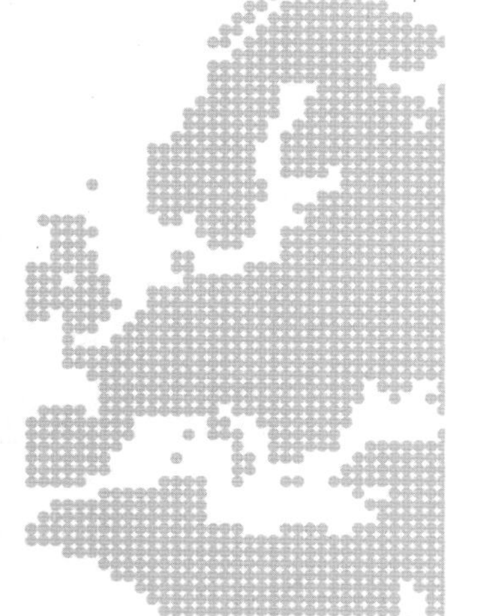

05 결 론

표 목차

그림 목차

사진 목차

01

서 론

# 제1절 왜 조선족인가

1. 문제 제기

<황해>가 한국 사회에 대한 위협으로 조선족을 상상하고 재현한 영화적 악몽이라면, 장률 감독의 <망종>은 중국 사회에서 조선족으로 사는 것이 어떤 것인지를 드러내는 현미경이다. <황해>에서 조선족은 한국 사회를 위협하는 타자로, <망종>에서는 중국 사회가 밀어내는 소수 집단으로 재현된다.[1]

중국에서 어렸을 적에는 한족들이 우리를 조선사람 꼬리빵즈(高麗棒子)라고 배척하고, 한중수교이후에는 한국제품들이 중국에 들어오자 또 우리를 '너희 한국인들' 하면서 우리가 중국인이라는 것을 부정하고, 지금 한국에 와서도 한국 사람들이 '너희들은 중국인이다'라고 하기에 조선족들은 결코 박쥐같은 존재일 수밖에 없는 거야. 중국인도 아니고 한국인도 아닌 조선족일수밖에 없는 존재지. (전수철, 본 연구의 면담대상자)

---

[1] 「황해가 외면한 조선족 삶」,
http://www.mediatoday.co.kr/news/articleView.html?idxno=92984(2012.7.16일 접속)

위의 두 단락 글은 한반도로부터 중국 동북지역으로 이주하여 중국의 '소수민족'으로 형성된 '조선족' 그리고 탈냉전과 지구화의 흐름 속에서 한국으로 이주하게 된 '중국 조선족'들의 '경계인'적 정체성을 압축적으로 보여주는 글이다. 이 책에서 주목하고자 하는 부분이 바로 '경계인'으로 살아가는 재한 조선족의 사회적 삶의 경험에 관한 것들이다.

중국 조선족(이하 조선족)은 19세기 후반부터 한반도에서 중국 동북지역으로 이주하여 중국의 '소수민족'으로 형성된 조선인과 그 후손들을 가리킨다. 그들은 1990년대 이전까지 중국 동북지역에 집거하여 살면서 촌락형의 민족공동체를 형성하고 유지해왔다. 그러나 1990년대부터 동북아시아의 정치경제적 변동 속에서 조선족 집단은 중국의 연해개방도시 혹은 미국, 일본, 러시아, 북미 국가, 한국 등 여러 나라로 이주하는 이주민 집단으로 변화하게 된다. 그 중에서도 한국으로의 이동이 가장 활발히 진행되고 있으며, 현재(2013.5월 기준) 한국의 전체 외국인 가운데 조선족이 차지하는 비율은 29%(484,480명)로 가장 높은 비중을 차지한다.

1992년 한·중수교 이후부터 한국으로 이주하기 시작한 조선족들은 한국에서 '못 사는 나라에서 온 중국인' 혹은 '3D업종에 종사하는 최하층 노동자', 미국과 일본 등 선진국 출신의 '동포'와는 구별되는 '동포'라는 사회적, 정치적 위치에 놓이게 되면서 한국을 '조상의 나라', '고국'이라고 생각하던 데로부터 스스로에게 '조선족은 과연 누구인가'라는 문제를 제기하게 되며, 따라서 조선족 정체성에 대한 한·중 학계의 학문적 접근이 증가하게 된다.

조선족 정체성에 대한 논의는 중국학자의 '며느리론'(정판룡, 1996), '변연문화론(邊緣文化論)'(김강일, 2001), 한국학자들의 '이중정체성'(김용범, 1992; 이광규, 1994) 등 논의에서부터 시작된다. 이러한 초기 논의는 조선족 민족 정체성 연구의 기반을 마련했다는 점에서 의의가 있다. 하지만 기존 논의에서 조선족은 어떠한 고정적이고 일관된 '민족 정체성'이 있는 집단으로 상정되며, 실증에 앞서 조선족 정체성의 일반화를 서두르는 경향이 있다. 그 이후의 양적연구(황승연, 1992; 임채완·김경학, 2002; 박정군, 2011)에서는 이러한 한계를 지적하면서 조선족들의 국민/민족의식의 실태를 파악했다. 하지만 정체성에 접근함에 있어 항상 국민/민족이라는 경계를 설정하거나, 그것의 외연인 소수민족의식/한국관/남북통일관 등 범주들을 설정해놓고 그러한 범주의 내용들만 고찰하여 기술하기에, 연구자가 설정한 측정범주들을 넘어 이주공간에서 수많은 경계들을 넘나들며 스스로의 '민족적 소속'을 나름대로 판단하고 선택하며 해석하는 역동적인 과정을 제대로 파악하지 못하고 있다. 양적연구와는 달리 질적접근의 방법에 기초하여 재한 조선족들의 정체성 재형성 과정을 해석하고자 한 연구(유명기, 2002; 임성숙, 2004)에서도 재한 조선족의 '민족적 소속'에 대한 자기인식이 현지의 맥락 속에서 어떠한 위치를 차지하는지, 그들의 일상적 실천과는 어떠한 연결을 가지는지를 파악하지 못하고 있다.

더욱 중요한 것은 조선족들의 이동이 고국으로의 이동이라는 특수성을 띠고 있으며, 그러한 특수성과 함께 재한 조선족들이 국

가, 민족의 경계를 넘나들며, 스스로의 삶의 공간을 확보하기 위
한 실천전략들을 구사하고 있음에도 불구하고, 기존 연구들에서
는 재한 조선족들을 한국사회에 일방적으로 적응해야 하는 대상
으로, 국가적, 사회적 권력관계에서의 피지배자 혹은 피해자, 수동
적 희생자로 설정하여 그들이 처한 구조적·사회적 조건들을 드
러내는 데만 치중함으로써 그들의 주변성, 차별성을 상대적으로
강조해온 온 경향이 있다. 그 결과 재한 조선족의 주체적 실천에
주목한 연구는 아직까지 미흡하다.

이러한 문제의식은 곧 이주연구의 핵심적 논의인 트랜스내셔널
리즘에 대한 문제제기라고 할 수 있다. 트랜스내셔널리즘의 시각
으로 재한 조선족에 접근하고자 하는 연구(김현미, 2009; 박광성,
2010; 이영민 외, 2012)에서는 기존사회와 정착지의 상호연결 예
하면 초국적 연결망이라는 등 현상에 초점을 맞춰 조선족들의 정
체성 변화 및 일상적 실천들을 해석하고자 했다. 이러한 연구는
재한 조선족을 한국 사회에 일방적으로 적응해야 하는 대상으로,
국가적, 사회적 권력관계에서의 수동적 희생자로 바라보던 시각
에서 벗어나 국가, 민족, 문화적 경계를 넘나들며 스스로의 삶을
만들어가는 그들의 일상적 실천들을 적극적으로 사고했다는 점에
서 재한 조선족에 대한 논의의 수준을 한 단계 끌어올렸다고 할
수 있다.

하지만 트랜스내셔널리즘을 바탕으로 한 연구들은 2007년 방문
취업제도 실시이후 빈번하게 진행되는 조선족들의 이동의 현상만
보고 그들을 트랜스이주자로 일반화시키고자 하는 경향이 강하

다. 뿐만 아니라, 대부분의 연구들은 초국적 연결망 등 외적인 현상들을 규명하는데 머무르고 있으며, 거주국(한국)이 부여한 정체성에 직면하여 그들이 어떻게 다양한 실천전략을 구사하며 일상을 살아가는지에 대해서는 아직까지 그렇다할만한 연구 성과를 거두지 못하고 있다. 트랜스내셔널리즘 논의의 한계를 극복하고 이주행위주체들의 생활세계를 섬세하게 들여다보기 위해서는 다양한 대상에 직면한 행위주체들이 어떻게 자신의 정체성을 형성했던 여러 가지 요소들 예컨대, 언어, 문화, 역사, 이데올로기, 소속감 등을 스스로의 공간을 확보하는 자원으로 동원하면서 일상을 살아가는지에 대해 심층적으로 고찰할 필요가 있다.

따라서 이 글에서는 지금까지 재한 조선족들이 '어떠한 집단인가'를 규명해보고자 하는 기존의 문제의식을 '재한 조선족의 정체성은 어떻게 재(구성)되어 가고 있는가'라는 질문으로 전환시킴으로써, 조선족이 역사적으로 어떠한 정체성을 형성해온 집단인지, 그들의 정체성' 한국에서의 사회 경험을 통해 어떻게 재구성되고 있는지, 또한 그들의 실천은 어떠한 파급효과를 가져 오는지 등 질문에 대한 해답을 찾고자 한다.

2. 이론적 배경: 정체성, 민족 정체성, 트랜스내셔널리즘

　여기서는 민족·민족 정체성[2])에 대한 기존의 논의를 검토하고 현재 이주[3])연구에서 활발히 논의되고 있는 트랜스내셔널리즘에 대한 비판적 관점을 토대로 이 글의 주제와 관련된 조선족[4]) 정체

2) ethnic/ethnicity는 민족/민족성 혹은 종족/종족성으로 번역된다. 조선족이 고국인 한국과의 관계를 더욱 부각시킬 때에는 한민족 동일한 혈통과 문화를 공유한다는 의미에서 종(種)이라는 개념이 강하고, 중국의 56개의 소수민족의 일원임을 부각될 때에는 중국이라는 국가 내에서 새롭게 구성된 하나의 민족이라고 할 수 있다. 또한 중국 내에서 각 민족 간의 차이를 강조할 때에 종족성으로 번역해서 쓸 수 도 있다. 민족은 한국과 중국 어느 입장에 서냐에 따라서 각기 다른 입장으로 사용될 수 있는데, 조선족은 역사적으로 형성된 새로운 집단이라는 입장에서 여기에서 종족(種)이라는 개념을 사용하지 않고, 민족이라는 개념을 사용하고자 한다. 따라서 'ethnicity'를 '민족성'으로, 'ethnic group'을 '민족 집단'으로 'ethnic identity'를 '민족 정체성'으로 'ethnic boundary'를 '민족 경계'로 번역하며, 'nation'을 '국민', 'nation state'를 '국민국가', 'national identity'를 '국가 정체성'으로 번역하여 사용하고자 한다.

3) 이주(migration)가 "한 곳에서 다른 곳으로 거처를 옮김"이라는 뜻을 나타낸다고 할 때, 인간의 이동과 이주에 관한 문제는 결코 새삼스러운 일이 아니다. 그러나 지구화의 심화와 더불어 '이주의 시대'(Castle and Miller, 2000)라고 불러도 손색이 없을 만큼, 국제이주는 점점 보편적이며 안정적인 체계로 자리 잡고 있다. 그 성격 또한 지속적이고 다방향의 추세로 발전해나가고 있으며 송출국과 유입국 모두에게 경제적·정치적·사회문화적 변동을 초래할 정도로 큰 영향력을 행사하고 있다. 이주의 형태를 살펴보면, 초기에는 전쟁포로들이 초기 노동이주민의 형태를 띠었으며 유럽국민국가의 출현함에 따라서는 다른 대륙에 대한 유럽의 식민화가 다양한 형태의 국제 이주를 야기하는 변화를 가져왔다. 그 이후, 제2차 세계대전 종전 이후인 1945-1970년대 초까지의 국제 이주는 유럽의 주변 국가들에서 서유럽으로의 '초청노동자'이주, 피식민지 국가 노동력의 식민 모국으로의 이주, 유럽과 아시아, 남미인들의 북미와 호주로의 영구적 이주의 형태를 띠게 된다. 1970년대 초부터의 국제이주는 신자유주의와 직결되는, 크게 변화된 세계경제구조 아래 초국적인 다방향성 이동으로, 보다 높은 임금을 추구하고 보다 나은 생활여건을 찾기 위해 해외로 이주하는 노동이주자들이 국제이주의 주류를 이루는 것이 그 특징이다. 국제이주에 관한 연구에서는 외국인 노동자라는 개념은 개념자체에 국가주의, 인종주의로 인한 배제, 차별, 인권 문제가 내포되어 있기 때문에 국제적으로 '이주노동자(migrant workers)'라고 표현하기를 권장하고 있으며, 본 논문에서 사용하고 있는 '이주'라는 용어는 '이주노동자'라는 용어와 같은 맥락에서 출발한다.

4) 한국에서 중국 조선족은 구두형식으로 중국동포, 중국교포, 조선족, 연변 조선족, 연변사람 등으로 불리고, 서면 형식으로는 조선족, 재중동포, 재중한인, 한국계 중국인으로 쓰인다. 본 연구에서는 '조선족'이라는 집단의 '민족 정체성'에 대한 인식을 고찰하는 작업이므로, 그들이 스스로 사용하는 명칭-조선족을 그대로 사용한다.

성에 기존 연구를 중점적으로 검토하고자 한다.

1) 정체성·민족 정체성

　전통사회에서 '자아 정체성'[5]은 문제시 되지 않았는데, 그것은 "개인의 정체성이 자신이 속한 종족에 의해서 정해진 역할과 기능에 따라 뚜렷이 결정되기 때문"이었다(Kellner, 1995: 231)[6]. 그러나 현대 사회에 들어서면서 급속한 산업화와 공동체의 다변화는 개인에게 '나는 누구인가'라는 질문을 빈번하게 제기하도록 하였

---

5) 한국어로는 '정체성'으로 번역되는 '아이덴티티'라고 하는 말은 라틴어의 identitas에서 유래한 것으로 "전적으로 동일한 것이다", "그 사람에 틀림없는 본인이다", "그것의 자기 자신", "정체"등의 의미를 지니고 있다. 역사적으로 볼 때, '정체성'을 둘러싼 철학의 논의는 "A는 A이다"라고 하는 동일률에 주목한 파르메니데스(Parmenides)와 "만물은 변한다"고 한 헤라클레스(Heracles)에서 비롯되는데, 이 대립은 드디어 감성적인 만물의 변화와 불변의 Idea세계를 구별함으로써 양자의 통일을 성취한 플라톤으로 발전되었다(박아청, 1990: 23). 정체성은 20세기 초 프로이드에 의해 처음으로 학문적으로 연구되기 시작했다. 심리학 전통에 한정되었던 정체성 연구가 사회과학의 본격적인 연구대상이 된 것은 1960년대부터였다. 정체성에 대한 기존의 정의들을 정리해보면 다음과 같다. '어떤 대상에 대한 성찰적 인식'(Giddens, 1991: 52), '한 행위자가 타자의 시각을 받아들이는 속에서 사회적 객체(social object)로서의 자기 자신에게 귀속시키는 의미들의 집합'(set of meanings, Wendt, 1994: 385), '개인이나 집합체가 사회적 관계 속에서 다른 개인이나 집합체들과 구별되는 방식들'(Jenkins, 1996: 4), '의미의 원천으로서 중요한 문화적 특징 또는 문화적 특징들의 집합이라는 기초 위에서 의미가 구성되는 과정'(Castells, 1997: 6), '자아이해'(self−understanding, Hall, 1999: 73) 등등.

6) 정체성 문제가 반드시 근대적인 이슈인가 하는 문제에 대해서는 하나의 핵심적 논쟁이 존재한다. 즉 근대주의자들은 정체성을 근대적 이슈로 간주하며(Callhoun, 1994: 10−11, 20; Gidens, 1991: 32−34, 52−53, 74−75), 근대성이 혈연, 가족, 지방 공동체(local community)같은 전면적 정체성 형성 체계(all−encompassing identity seheme)를 파괴했다고 주장한다(Callhoun, 1994: 11). 전통사회에는 삶의 패턴을 교란시킬 만한 지리적, 사회적, 공간적 이동이 활발하지 않았기 때문에 '나는 누구인가'라는 자기 정체성의 혼란을 겪는 경우가 극히 적었지만, 근대사회로 이행하면서 그러한 삶은 더 이상 불가능하게 되었다는 것이다. 이러한 주장에 반대하는 입장은, '나는 누구인가'라는 화두에 몰두할 수 있는 것이 근대인뿐이라고 보는 것은 교만이며, 근대 이전의 인간 경험을 모두 무시하는 처사이며, 성찰적 인식은 인간으로서의 보편적 특징이기 때문에 정체성 또한 근대 서구에만 국한시킬 수 있는 특징이 아니라고 주장한다(Jenkins, 1996: 9−10, 171). 이 논문에서는 근대주의자들의 입장을 택한다. 왜냐 하면, 근대이전에도 성찰적 정체성의 시도들이 많았지만, 그것이 대중화된 것은 근대 이후였기 때문이다.

으며, "정체성은 대중적, 성찰적 프로젝트가 되었다"(Giddens, 1991: 32-34). 그리하여 1960년대 '정체성'은 사회과학의 핵심용어로 등장하였고 정체성 개념은 점차 사회학, 정치학, 교육학, 국제정치학 등 영역에까지 도입되면서 인간 집단의 양상, 통합, 집단 간 갈등을 분석하는 개념으로 사용되었다.

'정체성'이란 본래 다양한 모습을 띠고 있으며 '정체성'이라는 용어 앞에 성, 가족, 계급, 국가, 민족, 정당, 지역 등을 붙이면, 성 정체성, 가족 정체성, 계급 정체성, 국가 정체성, 민족 정체성, 정당 정체성, 지역 정체성 등 다양한 종류의 정체성의 모습을 나타낸다. 그러한 정체성들이 서로 경합하고 협상하면서 자기 정체성을 형성해나가기 때문에 정체성의 다양한 모습에 대한 의미는 파악하기가 쉽지 않다. 따라서 여기에서는 글의 흐름을 위해 정체성·민족 정체성에 대한 접근법을 제시하는데 그치도록 하겠다.

정체성의 유형은 크게 개인적·집단적 정체성으로 나눌 수 있다. 개인적 정체성이란 자신의 특별한 계획들과 과업 또는 목적 타인과 유사점보다는 차이점을 기반으로 형성되며, 개인이 공동체의 목적이나 목표로써가 아니라 개인의 특성으로써 개인적 목적을 추구하면서 오랫동안 쌓아왔던 자아의식이다(윤인진 외, 2001: 153-159). 그리고 집단적 정체성에는 민족, 인종, 국가, 종교, 지역, 문화 정체성이 있다. 이 가운데서 민족 집단은 가장 원초적 집단이며 개인이 자신을 정의하는 가장 기준적인 준거집단이다. '민족 정체성'은 민족 집단 구성원들 사이에 공유되어 있는 객관적 차원의 특성과 어느 한 개인이 어느 특정 민족 집단에 느끼는 주관적 차원의 민족의식이라는 두 가지 의미를 포함한다.

민족 정체성 형성에서는 타자와의 상호작용이 중요하다. 인간은 타인이나 타 집단과의 직접적 혹은 간접적인 상호작용을 통해 자신을 그들과 비교하게 되고 따라서 자신 혹은 자신이 속한 집단의 독특성, 차별성, 이질성을 인식한다. 즉 정체성은 "항상 타자와의 상호작용 속에서 형성되는 것이고 타자와 맺는 상호 주관적인 관계가 내가 누구인지를 규정하는 것이다"(Honneth, 1996: 126－127). 또한 "집단 내 상호작용과 집단 간 상호작용 가운데 어떤 것이 그 성원들에게 더 중요한 의미를 가지는가, 자신을 둘러싸고 있는 환경에 대한 상황적 인지가 어떠한가에 따라 자신에 대한 인식이 결정된다"(권태환, 2005: 120).

기존의 정의들을 종합하여 '민족 정체성'의 개념을 조작적으로 정의하자면, 그것은 "공유된 민족적 특성 및 그로 인해 어느 한 개인이 어느 특정 민족 집단에 느끼는 소속감(a sense of belonging)이자(Shibutani and Kwan, 1965), 외부와의 상호작용 속에서 자기의식(self－consciousness)을 통해 재구성되는 유동적, 다원적, 개인적, 자기성찰적인(Kellner, 1995: 231－232) 형성물이라고 할 수 있다.

이 글에서는 '민족 정체성' 개념에 대한 조작적 정의의 기초 위에서 정체성을 객관적 차원－주어진 것(지역, 혈통, 언어, 문화, 역사, 공동체의식), 상호작용의 차원－외부로부터 규정된 것(통치성, 국적, 여권, 학문, 신분), 주관적인 차원－자기의식적인 것(소속감의 통일성, 통합성, 동일시, 분화) 등 세 가지 차원으로 구분하여 보고자 한다. 객관적으로 주어진 정체성은 타자와의 상호작용을 통해 규정되는 정체성에 대하여 자기 성찰적이고 유동적인 정체성을 재구성한다.

객관적 차원에서의 정체성은 중국 조선족의 역사적 형성과정에서 형성된 정체성, 즉 언어·문화·역사·관념·규범·관습·공동체의식 등에 관한 것이다. 이 글의 대상인 재한 조선족[7]은 자신들의 고유한 문화를 유지해 온 중국의 56개 민족 중의 하나인 '소수민족'이다[8]. 1910년 이후부터 대량으로 중국 동북지역으로 이주한 재만(在滿) 조선인들은 점점 '중화민족'을 구성하는 국가프

[7) 여기에서 본 연구의 대상 재한 조선족을 어떤 집단으로 설정하느냐가 중요하다. 객관적인 차원과 주관적인 차원을 구분하여 본다면, '조선족'은 조선족의 객관적인 특성을 가진 '조선족'과 스스로를 '조선족'이라고 정의하는 '조선족'으로 구분될 수 있다. 주관적인 차원에서 '조선족'은 '조선족'의 객관적 특성을 가지고 있으면서 스스로를 '조선족'이라고 생각하고 있는 '조선족'과 '조선족'의 객관적 특성을 가지고 있지 않으면서 자신을 '조선족'이라고 의식하면서 살아가는 자로 나누어 볼 수 있다. 예하면, 북한이탈주민 같은 경우 그들은 자신들에 대한 한국사회의 독특한 시선 때문에 '조선족'으로 위장하여 살아가기도 한다. 이 연구에서는 역사적으로 형성된 중국 조선족이 한국사회와의 상호작용 속에서 자기의식을 통해 정체성을 재구성하는 과정에 대해 고찰하고자 하기 때문에 '재한 조선족'을 역사적으로 형성된(스스로를 조선족이라고 인식하든 안 하든) 한국이주의 경험이 있는 조선족 집단으로 설정하고자 한다. '재한(在韓)'을 한국에 거주하고 있는 조선족이라고 설정하지 않고 한국이주의 경험이 있는 조선족이라고 설정하는 이유는 그들의 이주가 2007년 방문취업제도 실시이후부터 상대적으로 유동적이고 연구자가 인터뷰 할 당시에는 한국에 있었지만 현재는 이미 중국 혹은 기타 제3의 나라로 이주했을 수도 있기 때문이다. 그리하여 여기서는 '재한 조선족'을 한국이주에서의 사회적 삶의 경험이 있는, 역사적으로 형성된 조선족 집단을 통칭하는 명칭으로 쓰고자 한다.

8) 조선족의 한국이주와 비슷한 사례로 일본의 도시에서 형성되는 일계인(日系人) 커뮤니티에 관한 일본 학계의 연구가 1990년대 초반부터 본격적으로 이루어지기 시작했다. 연구자들은 양적방법과 질적방법으로 외국인 이주민들의 집거지가 어떻게 형성되는지, 그들의 집거지에서의 비즈니스 활동은 어떻게 전개되고 변화되어 가는지, 그들의 생활은 어떻게 전개되며 일본인들과의 교류는 어떻게 진행되고 있는지, 그들의 정주화와 정주의식은 어떻게 변화해가고 있는지 등에 주제로 진행되어 왔다. 그 중에서도 대표적인 연구들로는 도시에서 형성되는 에스닉 커뮤니티에 관한 奧田道大(1995)의 연구, 에스닉 네트워크에 관한 広田康生(1995)의 연구, 도시형 에스닉 비즈니스 형성에 관한 田嶋淳子(1995, 1998), 일계 브라질인들의 정주화에 관한 小內透·酒井恵眞(2001), 梶田孝道·丹野淸人·樋口 直人(2005), 小內透(2009)의 연구, 지역 커뮤니티와 일계 브라질인의 생활전개에 대해 연구한 俵 有美(2007), 일계인의 저항적 아이덴티티를 주장한 Tsuda, Takeyuki(2009)의 연구 등이 있다.

로젝트에 포섭되며 '조선족'이라는 '소수민족' 정체성을 형성해간다. 따라서 '중국의 일원'으로 구성되어 가는 과정에서 그들은 사회주의 국가의 가치, 규범, 관습, 관념 등을 내면화했을 뿐만 아니라 역사적, 정치적, 사회적 경험 속에서 조상, 민족영웅, 과거의 고난 등으로 표상되는 조선족의 민족관념을 형성해왔다. 중국에서 역사적으로 형성된 조선족들의 정체성에 대한 고찰을 통해 서로 다른 사회적 배경에 놓이게 된 두 집단—조선족과 한국인 집단—이 어떻게 서로 다른 집단으로 형성되었는지를 살펴볼 수 있으며, 외부로부터 부여되는 정체성에 대하여 그들 기존의 정체성 가운데 어떠한 것이 중요한 변수로 작동하게 되는지를 살펴볼 수 있을 것이다.

상호작용의 차원에서 외부로부터 규정된 정체성은 한국으로 이주한 조선족들에 대한 법적지위와 사회적 지위에 관한 것이다. 한국 이주가 생기기 전에 조선족들이 '정체성'이나 '정체성의 위기', '정체성 혼란'을 겪었던 적은 없었다. 다민족국가인 중국에서 그들의 정체성은 강요받지 않았고, 한족과의 상호작용 속에서 민족감정의 문제는 있을 수 있었으나 '나는 누구인가'라는 자기의식을 불러일으키는 타자는 존재하지 않았다. 그들의 '나는 누구인가'라는 자기의식은 상호작용의 대상이 생기고부터이다. 한국사회에 이주한 조선족들은 외부로부터 규정되는 정체성, 즉 한국사회가 자신들에게 부여한 법적지위와 한국에 의한 무시, 편견, 차별의 경험 속에서 '민족적 소속'에 대해 재인식하게 된다. 그러한 법적·제도적, 사회·문화적 차별은 그들이 '조선족'으로서의 정체성을 인식하게 된 외부적 조건이며 객관적 현실이다.

주관적인 차원에서의 자기의식적인 정체성은 재한 조선족들의 '민족적 소속'에 대한 자기인식에 관한 부분이다. 재한 조선족들은 한국에서의 사회 경험을 통해 자신의 '민족적 소속'에 대해 재인식하기 시작한다. 그들은 한국에서 기존의 소속감인 '소수민족' – '조선족'이라는 생득적이고 고정적인 소속감만 가지고 살아가지 않을 뿐만 아니라 자신들의 삶을 구성하는 일상과 보다 나은 생존 공간의 확보를 더욱 중요하게 여기면서 국가, 민족, 집단 등 다양한 소속들을 표출하면서 살아간다.

이와 같은 경험적 사실들은 재한 조선족들이 사회적 상호작용 속에서 어떻게 기존의 정체성(관념, 관습, 문화, 역사, 소속감)을 스스로의 삶을 만들어가는 생존전략과 실천에 이용하면서 스스로를 규정지으며 살아가는지를 고찰해야 함을 말해준다. 그리하여 이 글에서는 중국 조선족의 역사적 형성, 재한 조선족들에게 부여되는 정체성과 차별의 경험, 그들의 '민족적 소속'에 대한 재인식의 과정 등을 정체성의 세 가지 차원으로 설정하여 재한 조선족의 정체성을 고찰하고자 한다.

2) 트랜스내셔널리즘에 대한 논의

1920 – 1930년대 이주에 관한 초기 사회과학 연구들은 과거의 국제이주가 모국의 경제, 종교, 혹은 정치적 속박 하에서 다른 나

라로 향한 단일, 일회성 이동이 그 특징을 이루었기 때문에 주로 이주민들의 정착국에서의 적응, 정체성 변화 등에 초점을 맞추어 왔고, 정체성과 관련해서도 이주국 사회에 통합, 분리되는 문제를 둘러싼 연구들이 주를 이루었다. 반면에 고국과의 지속적인 관계 하에서 초국적인 사회적 공간을 만들어가고 있는 이주민들의 행위는 상대적으로 덜 주목받았다.

현재 이주연구자들이 쟁점화시킨 것이 바로 그러한 점이다. 국제이주를 정착지에서의 적응 내지 통합의 문제로만 바라보던 일방적 시각으로는 세계화 시대의 국가적·민족적·문화적 경계를 넘나드는 이주현상을 설명하기에 역부족이었던 것이다. 그리하여 1990년대 이후부터 초국적 성격을 강조하는 트랜스내셔널리즘이 사회과학의 전 분야에 걸쳐 이주민공동체를 이해하는 인식틀로 각광받기 시작했다.

트랜스내셔널리즘이란 "한 국가 이상에서 활동하는 초국적 행위자들의 일상생활활동과 이들의 사회, 경제, 정치적 관계 등을 통해 형성되는 사회적 장"으로 정의된다(Basch, Schiller and Blanc, 1994). 초국적 이동의 주체들은 국가적 경계를 가로질러 복수적이고 항시적인 상호연관 아래 일상을 꾸려나가며, 이들의 공적 정체성 또한 하나 이상의 국민 국가와의 관계를 통해 전 지구적으로 나타나는 거시경제의 구조적 조건이나 경제적 필요성보다는 다양한 행위자들이 일상에서 맺는 복잡한 사회, 정치, 문화적 관계와 그것들의 초국가적 연결됨을 중시한다. 따라서 그러한 미시적 수준에서 수행되는 문화와 담론적 실천들의 초국가적 성격, 그리고 이러한 과정을 통해 형성된 초국가적이고 다중적인 정체성이 국제적 이주와 정착을 이해하는데 매우 중요함을 강조한다(고민경, 2009).

세계화와 '인정투쟁'이라는 현실적 요구에 의해 추동되었던 트랜스내셔널리즘은 상호연결(interconnection)과 상호작용(interaction)을 자신의 주제어로 만들었다(이용일, 2009: 328). 고전적 이민연구에서도 이주민들이 고국의 가족, 친지, 집단구성원들과 특별한 관계를 지속해가고 있다는 사실은 인식하고 있었지만 출신지와 정착지 내지는 제3의 장소사이에서 진행되는 다양한 자본, 정보, 상징들의 흐름에 대한 체계적인 연구는 트랜스내셔널리즘으로의 전환을 통해 시작되었다. 이동하는 이주민들의 생활세계를 섬세하게 들여다보기 위한 이론적 자원으로서 트랜스내셔널리즘은 현재 이주연구에 대단히 중요한 시각을 제공해준다.

그럼에도 불구하고 트랜스내셔널리즘의 모호성 내지 다의성은 이미 많은 연구자들에 의해 지적되어 왔고 트랜스내셔널리즘은 아직까지도 엄격하게 논의되어야 할 부분들이 남아있다. 트랜스내셔널리즘에 대해 비판적 시각을 지닌 말러(Mahler, 1998)는 이동하는 주체들이 만들어낸 사회적 연결의 종류 및 그 결속력에 대해 심층적으로 규명할 필요성을 제기한 바 있고, 구아르니조와 스미스(Guarnizo. L.E and Smith.M.P. 1998)도 국경을 넘나드는 이주민들의 초국가적 행위가 하나 이상의 국가적 영토에 위치한 집단과 연결되지만 그러한 것들은 특정 시간과 지역에 위치한 특정한 사회관계를 통해 체현된다고 주장하였다.

이동하는 주체들의 초국적 이동성이 트랜스내셔널리즘의 핵심이라면 누가 어떻게 이동하고 또 이동할 수 있는지에 대한 문제가 가장 중요한 문제가 된다. 하지만 트랜스내셔널리즘은 이동하는 집단이 실제로 하나의 민족 집단인 상황임에도 불구하고 그 분석 단위를 하나의 국민국가로 설정(小井土彰宏, 2005: 387－395)하는 경향이 있기 때문에 이동하는 일부 민족 집단들의 초국적 이동성과 그 성격을 잘 규명할 수 없다는 한계를 보인다.

이러한 한계는 이동하는 주체가 중국이라는 다민족국가의 한 '소수민족'인 조선족 집단일 경우 더욱 선명하게 나타난다. 왜냐하면, 조선족은 한반도에서 중국 동북지역으로 이주하여 '중화민족'의 일부분으로 형성된 집단이고, 또 현재 고국인 한국으로 이동하고 있기에, 이주영역에서 구사하는 그들의 실천전략 및 귀속의식은 단일하지 않을 가능성이 있기 때문이다.

그러므로 트랜스내셔널리즘을 바탕으로 재한 조선족의 삶의 방식을 포착하고자 하는 연구들은 "중국과 한국이라는 공간적 또는 정서적 이분법이 예전보다 모호해지는"(김현미, 2009: 66) 행위주체로서의 트랜스이주자로 일반화시킬 것이 아니라, 중국의 '소수민족'으로 형성되어온 조선족의 기존의 정체성들이 어떻게 그들의 실천에 전략적으로 동원되는지를 밝혀내는 방향으로 나아가야 할 것이다.

또한 조선족의 기존의 정체성이 어떻게 외부에서 부여하는 정체성과의 상호작용을 거쳐 삶의 공간을 확보하는 전략으로 활용되면서 스스로의 정체성을 재구성해나가는지를 파악하려면, 그들의 삶이 거치게 되는 상이한 두 사회제도 아래에서의 정체성, 즉 출신국(중국)에서 형성된 정체성, 거주국(한국)이 부여하는 정체성과 스스로 판단, 해석, 선택하는 자기인식적인 것들을 종합적으로 파악해야 한다.

이 글에서는 이와 같은 이론적 논의의 연장선 위에서 스스로의 삶을 만들어내는 재한 조선족들의 실천전략들을 심층적으로 드러내는데 주력하고자 한다. 즉 트랜스내셔널한 이동이 가져온 일상적 실천의 유동성으로 인해 트랜스내셔널리즘을 적용하는 것이 아닌, 혹은 애초부터 트랜스내셔널리즘을 전제하고 현상을 분석하는 것이 아닌, 이주행위주체 그 자체로부터 출발하여 그들의 일상적 실천들을 고찰하고자 한다.

3. 조선족 정체성에 대한 기존의 논의

한국이주로 인한 조선족 사회의 변동과 조선족들의 한국경험으로 인해 조선족 정체성이 중국 조선족 학자들에 의해 제기되었고, 한민족의 일부분으로 간주했던 조선족 집단의 이질성 때문에 한국인 학자들도 조선족 정체성에 대해 관심을 가지기 시작했다.

조선족 민족 정체성에 대한 논의는 초기 중국 조선족 학자들이 제기한 '며느리론'(정판룡, 1996), '변연문화론'(邊緣文化論)(김강일, 2001) 논의와 한국 학자들의 '이중 정체성'(김용범, 1992; 이광규, 1994; 최우길, 1999; 강재식, 2000; 권태환, 2005) 논의가 있다.

정판룡의 '며느리론'은 "조선족은 부모님 슬하를 떠나 중국으로 시집간 딸로 자신을 생각하는 것이 퍽 자연스러운 일이며 중국에 시집 온 이상, 우선 남편과 시부모를 잘 모셔야 하고 친정집과는 좀 거리를 두어야 하며 또 우선 시집의 가법을 잘 지켜야 한다 …… 소재국에서 가장 꺼리는 것은 외국에서 온 이민들이 원래 속해있던 자기 모국과 내통하여 손해를 끼치는 일이다. 마치 시집에서 자기 가문에 들어온 며느리가 계속 친정에만 마음을 두는 것을 꺼리는 것과 마찬가지이다"라는 주장이다(정판룡, 1996: 271－272).

이에 중국 연변대학 김강일(2001)에서는 '변연문화론(邊緣文化論)'의 주장을 펼치면서 '며느리론'과 '모국－조국론'을 강하게 비판하고 있다. 그는 "조선족의 문화와 정체성을 중국과 조선의 문화와 정체성이 융합되어 만들어진 새로운 문화와 정체성이라고 규정하면서 자신을 '며느리'라고 여기는 것은 자신을 주권국가의 국민으로 당당하게 여기지 못하는 굴종적인 자세"라고 주장하고 있다. 이러한 초기 논의는 조선족의 민족 정체성을 학문적 수준으로 끌어올렸다는 점에서는 의미가 있지만 담론적인 수준에 머물렀으며 중대한 실증상의 결함을 가지고 있다. 왜냐 하면, 정체성은 항상 구성중의 산물로서 행위주체들의 주관적인 인식을 떠나 임의로 규정할 수 있는 것이 아니기 때문이다.

한·중 학계에서 재생산된 "고국(故國)이 한국이고 조국(祖國)이 중국"이라는 '이중 정체성' 논의도 한반도로부터 중국 동북지역으로 이주하여 간 한민족이라는 조선족의 역사적 특성에 주목하며, 조선족을 하나의 어떠한 정체성을 가진 집단이라고 간주하는 경향이 있다. 이럴 경우, '민족적 소속'에 대한 개별적인 조선족들의 판단, 선택, 해석의 역동적인 과정에 접근하기 어려운 한계를 지니게 된다. '이중 정체성' 논의에 반박하여 황유복(2009)은 "'중국공민'은 국적과 관련된 개념이고 '조선민족'이란 민족과 관련된 개념으로서, 서로 다른 개념을 함께 싸잡아서 이중성을 이야기할 수 없다"며 조선족의 '이중 정체성'을 부정한 적이 있지만, 그러한 '이중 정체성'에 대한 부정도 조선족을 하나의 단일한 집단으로 상정하고 논의하기에 설득력이 떨어진다. 왜냐 하면, 자신의 고향이었던 한국 혹은 북한을 중국과 똑같게 자신의 조국이라고 생각할 가능성이 있는 이주1세대가 있을 경우, 그러한 사례를 '이중 정체성'의 소유자로 볼 수 있기 때문이다. 이와 같은 기존의 논의들은 실증에 앞서 조선족 정체성의 일반화를 서두르는데 급급한 경향이 없지 않다.

기존 연구의 한계를 지적하면서 그 이후의 연구에서는 국민/민족의 2분법적 사고에서 벗어나 양적접근 방법으로 계층별, 연령별, 성별, 지역별, 교육수준, 소득수준 등 변수에 따라 중국 현지 조선족 및 한국 이주 경험이 있는 조선족의 국가의식, 민족의식, 소수민족의식, 한국관, 남북통일관 등을 실증적으로 고찰하였다(황승연, 1994; 최우길, 1999; 임채완·김경학, 2002; 박정군, 2011). 이러한 양적연구는 조선족들의 국가, 민족의식의 실태를 파악했다는 점에서는 의의가 있지만, 정체성에 접근함에 있어서 항상 국가, 민족이라는 경계를 설정하거나, 그것의 외연인 소수민족의식, 한국관, 남북통일관 등 범주들에 대한 내용들만 고찰하여 기술하기에, 연구자가 설정한 측정범주들을 넘어 이주공간에서 수많은 경계들을 넘나들며 스스로의 '민족적 소속'을 나름대로 판단하고 선택하며 해석하는 역동적인 자기인식의 형성과정을 간과한다.

양적연구와는 달리 일부 연구에서는 질적접근의 방법에 기초한 심층적 고찰을 시도함으로써 재한 조선족 정체성의 재형성 과정을 재해석하고자 했다(유명기, 2002; 임성숙, 2004; 임선일, 2010; 이종구·임선일, 2011; 김현선, 2010; 김현선, 2011). 이러한 연구는 재한 조선족 가운데서도 이주노동자, 영구이주 희망자, 국적취득자를 대상으로 정체성을 유형화함으로써 재한 조선족의 사회적 적응 및 정체성에 대한 자기인식의 상태를 구체적이고 실증적으로 보여주었다는 점에서 의의가 있다고 할 수 있다. 그러나 현재 한국의 조선족들은 다양한 계층에 속해 있으며, 한국에 정착하고자 국적취득을 한 자들도 소수에 지나지 않는다. 또한 조선족들의 이동은 유동성이 강하고 한국에서의 정착도 영구적이지 않다. 따라서 그들의 귀속의식과 지향하는 공간은 단일하지 않다. 때문에 한국사회에서의 적응방식을 고찰한 사례연구결과로 재한 조선족 정체성의 변화를 전반적으로 설명하기에는 한계가 있다(임선일, 2010; 이종구·임선일, 2011). 국적취득자, 영구정착자 등 한정된 대상에 기반하여 국적취득으로 인한 그들의 정주의식, 귀속의식의 변화를 고찰한 사례연구 결과들도 재한 조선족 정체성의 전반적인 특성을 살펴보는데 한계가 있다(김현선, 2010; 김현선, 2011).

기존의 연구 성과를 바탕으로 1992년 한·중 수교 이후부터 조선족 집단을 파악하기 위해 진행된 조선족 정체성 연구의 한계를 지적하자면 다음과 같다. 첫째, 기존의 연구에서 '정체성'은 하나의 고정된 내용으로 간주되며, 따라서 조선족은 어떠한 고정적이고 일관된 정체성이 있는 집단으로 상정된다. 그러한 이유로 조선족 정체성에 대한 논의는 실증보다도 일반화에 서두르는 경향이 있으며, 국가, 민족이라는 고정된 범주 속에서 조선족 정체성을 분석하고자 하는 경향을 보인다.

둘째, 조선족 정체성 연구의 문제점은 이러한 주제를 다루는 시각에만 있는 것이 아니라 그 접근방법에 있어서도 한계가 있다. 정체성이란 어떤 특별한 사건과 계기를 통해 인식하는 순간 '완성되거나 끝나는 것'이 아니라 항상 구성 중에 있는 산물이기에, 양적방법으로 접근할 수 있는 개념이 아님에도 불구하고, 기존의 연구들은 정체성을 계량적 지표에 의해 기술하는 양적접근 방식을 취하고 있다. 정체성은 항상 타자와의 상호작용 속에서 경험하게 되는 자아의 경험을 떠나 논할 수가 없기 때문에, 정체성을 제대로 파악하려면 세대, 성별, 직업, 지역에 따른 정체성의 일반론을 펼칠 것이 아니라 '민족적 소속'에 대한 역동적인 자기인식들을 심층적으로 고찰해야 할 것이다.

본 글에서는 이상과 같은 논의들을 비판적으로 검토한 기초위에서 전 지구화의 흐름에서 기존의 이념, 국가, 민족과 같은 근대적 질서에서 급격히 단절되고, 새로운 질서 속에서 자신을 둘러싼 힘들에 의해 삶의 조건들을 형성하며, 그로 인해 정체성 위기를 경험하면서 스스로의 삶의 공간을 확보해나가는 재한 조선족들이 일상적 실천을 심층적으로 살펴보고자 한다.

 # 제2절 연구방법 및 과정

이 글에서는 조선족들의 일상적 실천들을 더욱 심층적으로 고찰하기 위해 참여관찰, 심층면접 등 현지조사 및 문헌연구 방법을 활용하였다. 이주영역에서 끊임없이 스스로의 삶의 공간을 확보해나가기 위해 수행되는 행위주체들의 일상적 실천은 그들에 대한 장기간의 현지조사가 없이는 절대 접근할 수 없는 영역이다. 본 연구의 참여관찰은 2010년 10월부터 2012년 9월까지 중국 동포 한마음 협회[9](이하 한마음 협회), 조선족 연합회[10](이하 연합

---

9) 조선족 단체는 2006년도부터 활성화되기 시작하였다. 현재 가리봉동·대림동·구로동 일대에는 재한동포연합총회, 귀한동포연합총회, 중국동포 한마음 협회, 대림동 시냇길 경로당, 한민족신문사 등 조선족 단체 및 언론사가 있다. 그 외에도 조선족을 대상으로 하는 한국의 언론사, 교회 및 단체로는 중국동포타운신문사, 중국동포교회, 한중사랑교회, 이주동포정책연구소 등이 있다. 한마음 협회는 2008년도에 세워진 조선족 친목도모 활동 민간단체이다. 단체는 2006년 축구단으로부터 시작되었으며 회원 및 회원 가족들이 증가되자 협회 산하에는 봉사단, 산악회, 배구단, 배드민턴 클럽, 골프클럽 등 단체가 세워졌다. 정기적으로 단체 활동에 참여하는 회원들은 100여명 정도이고, 카페 총회원은 1500명 정도이며, 회원들의 연령대는 30-40대이다. 단체 활동에 참가하여 여가를 보내는 조선족들은 주로 등산, 배구, 축구, 배드민턴, 골프 등 스포츠 활동을 하며, 매주 혹은 매달 한 번씩 구로동에 위치한 구로중학교(배구·배드민턴)와 대림1동에 위치한 대림중학교(축구)에서 연습

회), 재한동포연합총회[11] 등 단체 및 현지조사에서 만난 조선족들과의 회식장소를 중심으로 진행되었다. 심층면접은 현지에서의 조사 및 참여관찰 과정에서 상황과 맥락에 따라 선정된 조선족들에 대해 진행되었다.

1. 현지조사

2010년 10월부터 연구자는 재한 조선족 자영업자들에 관심을 가지기 시작했다. 관심을 가지고 그들에 대한 인터뷰를 진행하는 과정에서 연구자는 조선족의 모든 상황에 대한 이해는 심층면접으로는 절대적으로 부족하다는 결론을 내리게 되었다. 인터뷰 과정에서 녹음기만 꺼내들면 멈칫하는 그들의 행동으로부터 연구자는 녹음이라는 요소가 그들과의 소통을 저해하는 것이라고 생각하게 되었다. 또 녹음기를 끄기만 하면 대화가 자연스럽게 통하는

———————————

을 진행한다.

10) 조선족 연합회는 2000년도에 설립된 조선족 단체이다. 창립초기에는 조선족선교복지센터와 협력하였고 안식처도 그곳에 정하였다. 2006년 이전까지 연합회 활동은 조선족선교복지센터와의 협력 속에서 진행되었지만, 2006년도 이후부터는 종교단체와 분리하고 홍제동에 4층짜리 건물을 임대하여 자체적으로 운영하고 있다. 4장에서 연합회 활동에 대해 상세히 서술하였다.

11) 재한동포연합총회는 기존의 중국동포상인연합회, 서울 금천구 귀국동포연합회, 동향친목회 등 3개 재한중국동포단체를 통합하여 새 이름으로 출범하는 조선족 단체로서, 2008년 11월 12일 서울에서 설립되었다. 2010년 11월 3일에는 정부의 인정을 받아 외교통상부로부터 비영리민간단체등록증을 발급 받았으며, 총회 산하에는 금천지회, 구로지회, 영등포지회, 안산지회, 강동지회, 그리고 산악회가 있으며, 지방에는 대전지회, 해외에는 연변분회가 있다. 또 축구단과, 예술단, 배구단 등이 포함되어 있으며 젊은 층으로 이루어진 청년부가 있다.

경험에 의해 연구자는 그들과 어울려 살면서 그들의 삶을 이해할 필요성을 느끼게 되었다.

뿐만 아니라 이러한 생각은 비록 같은 조선족이라고 하더라도 조선족들과의 만남이 그렇게 쉬운 일은 아니라는 경험에서 나왔다고 할 수 있다. 자영업자들에 대한 인터뷰를 진행하는 과정에서 대상자 섭외는 결코 쉬운 일이 아니었다. 대개 친분이 있는 사람을 통해서 면담대상자를 섭외해야만 자연스럽게 만날 수가 있었고, 그들이 인터뷰에 응해주기는 하지만 한가한 시간이 얼마 없기 때문에 인터뷰를 심층적으로 진행하기가 어려웠다. 그러므로 여러 가지 상황들을 종합해볼 때, 본 연구의 문제의식과 관련하여 참여관찰, 심층면접 등 조사방법은 불가피하게 동원되어야 하는 것이라는 판단을 내리게 되었다.

그리하여 연구자는 서울시에서 조선족이 가장 많이 거주하고 있는 구로구 영등포구 일대의 가리봉동·대림동·구로동을 연구대상지로 선정하여 2011년 3월부터 8월까지 대림 3동에 살면서 참여관찰 및 심층면접을 진행하였다. 이 지역은 서울시 조선족 총인구의 약 38%(법무부『출입국통계연보』, 2012)가 거주하고 있는 곳으로 '조선족 타운'[12]이라고 불리기도 한다.

현지조사는 주로 가리봉동 1,2동, 구로동 3,4동, 대림동 1,2,3동

---

12) 여기서 말하는 '조선족 타운'은 기존의 가리봉동 시장을 중심으로 형성되었던 '연변거리', '연변촌'으로 불리는 공간을 가리킬 뿐만 아니라, 2000년도부터 자영업들이 들어서기 시작하면서 형성된 대림동, 구로동을 포괄적으로 가리키고자 한다. 왜냐하면 이주 초기에 가리봉동 시장을 중심으로 형성된 상가들이 점점 포화되면서 그 주변으로 확대되었고 가리봉동, 대림동, 구로동 등 지역에 조선족들이 운영하는 상가들이 많이 들어섬에 따라 그 지역만이 가지고 있는 특징이 있다고 생각하기 때문이다.

을 중심으로 진행되었다. 조사는 정해진 시간이 따로 없었다. 낮 시간을 이용하여 진행되는 경우도 있었지만 주로 저녁시간이나 주말에 조사하는 경우가 더욱 많았다. '조선족 타운'은 저녁 혹은 주말에 조선족들이 음식문화, 여가문화를 소비하는 공간으로써 주말에 더욱 많은 풍경들을 볼 수 있기 때문이다.

현지조사를 거쳐 연구자는 식당, 다방, 노래방, 호프집, 여행사, 직업소개소 등 조선족 자영업체의 자금조달, 운영과정과 전략, 운영자들의 여가, 참여단체, 사회생활 등에 대해 조사함으로써 조선족 사회의 전반적인 그림을 그릴 수 있는 기반을 마련하였다. 그리고 '조선족 타운'의 저녁풍경들과 주말풍경들에 대한 조사를 통해 조선족들의 음식문화, 여가문화 등을 이해할 수 있었다. 특히 다방[13] 같은 곳에 대한 현지조사와 참여관찰은 조선족 여성들의 성(Sex), 직업, 가족에 대한 인식들을 파악하는 데 일조하였다.

2. 참여관찰

본 연구의 중요한 연구방법 중의 하나가 참여관찰이다. 연구자

---

13) '조선족 타운'에서 간판에 '커피·호프'라고 적혀 있는 곳은 보통 다방아가씨가 있는 곳으로, 그 곳에서 다방아가씨들은 손님을 친구하여 함께 술을 마시며 다방은 술값이 많으면 많을수록 수입이 높다. 다방아가씨는 조선족과 한족 모두 있지만, 현재는 한족 여성들이 더 많은 비중을 차지한다. 왜냐하면, 한족여성들은 '조선족 타운'에서 중국어 통하기 때문에 불편함이 없기에 이곳에서 활동하기를 선호하며, 반면에 조선족 여성들은 그곳이 조선족들이 많이 모여드는 곳이므로 자신의 다방아가씨라는 직업이 지인한테 알려졌을 경우 자신의 위상이 떨어질 것을 고려해 보통 다른 지역이나 지방의 다방에서 근무하는 경우가 많기 때문이다.

가 참여관찰을 진행한 이유는 지인의 섭외로 1~2시간 동안 진행하는 인터뷰를 통해서 아무리 많은 양의 질적 자료가 수집되더라도 재한 조선족 사회에서 어떤 일들이 발생하고 있는지에 대한 총제적인 그림을 그릴 수가 없기 때문이라는 판단에서였다. 한국에서 약 40만을 넘는 조선족들이 서울에서 이미 '조선족 타운'이라는 공간을 형성하였기에 참여관찰이 가능 했을 뿐더러 그러기에 또한 불가피한 것이었다.

그러한 이유로 본 연구에서의 참여관찰은 전체 재한 조선족을 대상으로 한 것이 아니라 참여관찰이 가능한 '조선족 타운' 내의 조선족 및 조선족 단체와 홍제동에 자리 잡고 있는 연합회에 한정되었다. '조선족 타운'이 이미 조선족들의 문화적 소비의 공간, 사업의 공간, 주거의 공간이 되었기에 조선족들의 행위를 관찰하는데 유리하였고, 연합회를 제외한 조선족 단체가 '조선족 타운'에 위치해 있기 때문에 '조선족 타운' 내에서 진행되는 재한 조선족들의 사회적 활동과 사회적 관계 및 일상에서의 행위를 관찰하는데 용이하였다.

2010년 10월, 연구대상을 재한 조선족으로 선정한 이후로 연구자는 지인의 소개로 한마음 협회 봉사단에 참가하게 되었고 봉사단에서 봉사활동을 진행하면서 단체 회원들의 직장, 일상, 사회적 삶의 경험에 대해 이해하고자 하였다. 그리고 2011년 3월 11일, 현지조사를 나간 첫 날 대림3동 거리를 둘러보고 있던 도중 한마음 협회 운영위원들을 만나게 되었으며, 연구자는 그들에게 연구자의 연구주제와 의도를 밝히고 도움을 청하였다. 그들은 흔쾌히 인터뷰에 응해주었고 동포사회의 여러 가지 단면들을 설명해주었다. 뿐만 아니라 한국에서의 동포사회를 정확히 가늠하려면 기타 여러 조선족 단체에 대해서도 이해해야 할 필요성을 제기하였다.

그리하여 연구자는 한마음 협회, 연합회 등 조선족 단체에서 참여관찰을 진행하면서 주류사회와의 접촉에서 발생하는 일, 그에 대한 느낌, 인식, 즉 그들은 자신이 한국 사회에서 어떤 위치에 놓이게 된다고 생각하는지, 어떻게 문제를 인식하고 해결하고자 하는지, 조선족들의 집단적 연대감은 어떠한 과정 속에서 형성되는지 등에 대해 조사하였다. 현지조사를 진행하는 동안 연구자는 조선족 단체뿐만 아니라, '조선족 타운'의 식당, 여행사, 다방, 마작청, 직업 소개소, 협회, 교회에서 만난 조선족들의 행위에 대한 관찰을 통해 사회적 경험에 대한 그들의 인식, 인식과 실천사이의 상호관계와 맥락을 파악하고자 하였다. 그리고 현지에서 만난 한국인들에 대해서도 참여관찰 및 대화를 나누었으며, 그 과정에서 조선족에 대한 그들의 인식, 해석들에 유의하며 필요한 정보들을 수집하였다.

참여관찰은 처음부터 초점을 좁히지 않음으로써 그들의 삶을 총체적으로 이해하기 위해 노력하였다. 조선족들의 입주 원인, 이주 년도, 의식(衣食), 가족 상황, 직장 상황, 참여하는 사회단체, 여가 등을 이해한 기초 위에서 포착하고자 하는 몇 가지 큰 주제를 중심으로 대화를 나누었다. 또한 현지의 전체적인 맥락을 이해한 후에 조선족들이 스스로 무엇을 강조하여 이야기하는지, 그들의 경험에서 어떠한 것들이 중요한 위치를 차지하는지, 그러한 경험과 일상적 실천들의 상호작용은 어떠한지를 파악함으로써 실천 전략의 특성을 포착하고자 했다.

연구자는 자민족을 연구함에 있어서 내부인과 외부인의 입장 모두를 포기하지 않으려 노력하고자 하였다. 그러나 그것은 결코 쉽지만은 않았다. 처음부터 너무나 익숙한 풍경들이라는 느낌은 내부인이라는 연구자의 위치를 인식케 하였으며 현지조사와 참여관찰 속에서 너무 현지에 빠져든다는 느낌을 받은 뒤로 연구자는 2011년 3월부터 2012년 3월까지 1년 동안 진행하기로 한 현지조사와 참여관찰을 6개월로 한 단계 마무리하고 현지에서 나왔다. 그러나 현지조사와 참여관찰을 진행하는 동안 연구자는 내부적이면서도 객관적으로 바라보는 외부자의 시각에 충실함과 동시에 외부인들이 볼 수 없는 것들을 더욱 많이 보기 위해 노력하였다.

3. 심층면접

본 연구에서 심층면접은 가장 중요한 연구방법이다. 재한 조선족들의 사회적 삶의 경험에 대한 주관적인 인식들은 그들이 자신들의 사회적 위치들을 어떻게 인식하고 또한 어떻게 자신의 실천 속에 반영하고 있는가를 살펴볼 수 있는 1차적 자료라고 할 수 있다. 삶에 대한 그들의 이야기를 듣는 것은 그들의 사회적 위치를 읽어내는 것이며 궁극적으로 그들의 삶을 제약하고 무시, 편견, 차별의 사회적 구조와 질서를 문제화하는 것이라고 할 수 있다.

심층면접에서 처음 몇 사례는 구술생애사 방법을 적용하였다.

첫 만남에서 '민족 정체성', '정체성' 등 추상적인 질문을 했을 경우 더욱 중요한 것들을 빠뜨릴 가능성이 있을 뿐만 아니라, 그들의 삶의 경험 속에서 '민족적 소속'에 대한 인식이 차지하는 위치를 가늠할 수 없다는 판단에서였다. 그리하여 인터뷰는 분명한 목적의식이 있다하더라도 우선 그들의 중국에서의 삶, 부모, 가족, 자녀에 대한 이야기를 듣는 것으로부터 시작하였으며 다음으로 한국으로의 이주동기, 경로, 거주지, 직장, 여가, 참여단체, 사회생활 등을 대해 일일이 질문하였다. 생애사를 들을 경우 한 구술자를 평균 2,3번 만났으며, 여러 번 만나는 가운데서 얼마간 친분이 쌓이고 또 구술자에 대한 기본적인 이해를 갖춘 후부터는 비구조화된 개방적인 면접방법으로 '민족적 소속'에 대한 자기인식을 중심으로 인터뷰를 진행했다.

면담대상자에 따라 인터뷰는 다양한 방식으로 진행되었다. 첫 만남부터 미리 작성한 질문에 따라 진행되는 경우도 있었고, 면담대상자가 노트와 질문지에 시선이 집중되면서 구술이 자주 끊기는 경우는 노트와 질문지를 사용하지 않고 진행하였다. 친분이 있는 면담대상자일 경우는 자주 만날 기회가 있었는데 그들을 여러 번 만나는 가운데서 연구자는 그들의 인식과 행위가 어떻게 맞물리는지에 대해 주목하였으며, 이러한 경우에는 일상적인 대화를 통해 자료를 수집하였다.

인터뷰를 할 때 녹음기는 기본적으로 사용하였으며 녹음을 견결히 거절하는 경우에는 인터뷰 내용을 노트에 필기하는 방식으로 진행하였다. 그리고 녹음을 허용한 면담대상자라고 하더라도 두 번 이상 만나서 일상적인 대화의 방식으로 인터뷰가 진행될 때는 녹음기를 사용하지 않고 만남이 끝난 뒤 기억한 인터뷰 내용을 바로 정리하는 방법을 취했다. 면담대상자 가운데는 녹음을 거부하는 경우도 있었고 본명을 밝히기를 꺼려하는 경우들도 있었기에 본 연구에서 사용하는 이름은 모두 가명으로 처리되었다.

인터뷰는 면담대상자에 따라 다양한 장소와 시간에 진행되었다. 서비스업과 건설업에 종사하는 면담대상자일 경우는 주말 낮 시간에 그 사람의 거주지 인근의 커피숍 혹은 점심시간에 식당에서 2~3시간 정도 진행되었다. 회사원 일 경우에는 저녁식사시간에 대림동에서 식사를 하면서 진행된 경우가 비교적 많았다. 왜냐하면, 단체회원들일 경우는 회사원들이 많으며 그들은 대림동 혹은 구로동에 거주하는 경우가 많았기 때문이다. 유학생일 경우는 서로 시간을 협상하여 커피숍 등에서 진행하였다. 그리고 단체장이거나 단체회원들은 단체 사무실을 직접 방문하여 진행하였으며, 연합회 회원들은 매 주 주말마다 '2011년 가을맞이 문화공연' 합창단 노래연습에 직접 참여하면서 매번 연습이 끝나면 연합회 '우리집' 쉼터 3층 '문화의 방'에서 회원 1,2명씩 인터뷰를 진행하기도 하였다.

심층면접에서는 그들이 자신의 경험을 전달하기 위해 어떤 사건들을 더욱 상세히 기술하고, 어떤 방식으로 그것을 해석하며, 그것에 어떤 의미를 부여하는지에 대해 주목함으로써 그들의 일상적 실천의 양상들을 포착하고자 했다. 현지에서 참여관찰과 심층면접의 병행이 가능했기 때문에 연구자는 그들의 주관적인 내재적 인식과 일상적 실천이 어떻게 맞물리는지를 그들과의 지속적이고 일상적인 접촉과정에서 도출해낼 수 있었다.

면접은 대체로 면접자들의 개인적 사항과 이주관련 사항, 자기 인식과 관련된 사회적 경험과 행위방식, 실천전략과 관련된 실천 내용이라는 세 가지 영역을 중심으로 진행되었으며, <표 1>에서 제시한 내용들이 질문항목으로 활용되었다.

〈표 1〉 면접내용

구분			질문 내용
기본 사항		개인적 사항	− 연령, 성별, 학력, 비자, 거주지, 직업(중국)
	이주 관련	이주 이전	− 사회적 관계, 민족의식, 한국관
		이주 과정	− 이주동기와 경로
		이주 이후	− 정착과정 − 노동경험 − 가족생활 − 사회관계 − 여가생활
민족 정체성			− '조선족' 신분에 대한 평가방식 − 자신의 '민족적 소속'을 인식, 규정하는 방식 − '조선족'으로서 차별을 인식하는 방식 − 차별을 인식, 해석, 대응하는 방식
실천			− 구조적 제약·사회적 차별에 대한 인식과 해석 − '조선족'으로서 인정받기 위한 노력 − 조선족 단체 참여의 사회적 환경과 경로 − 실천의 논리와 자원의 동원방식

본 연구의 면담대상자는 총 33명이다. 면담대상자의 선정은 현지의 상황과 맥락에 따라 진행되었으며 무엇보다도 학력, 직업의 비례를 크게 고려하였다. 왜냐하면, 기존의 조선족에 관한 연구들

이 3D(Difficult, Dirty, Dangerous) 업종에 종사하는 노동자, 국제 결혼 이주 여성에만 관심을 보인 탓에 전반적인 조선족 사회의 양상을 그려내지 못했기 때문이다. 또한 한정된 면담대상자로 조선족 정체성을 어떠한 것으로 상정하려는 연구의 한계를 극복하기 위해서이다. <표 2>는 연구 자료로 활용된 면담대상자들의 일반적 특성을 도표화 한 것이다.

<표 2> 면담사례자 인적사항

번호	성명	성별	나이	학력	입국 연도	직업	거주지
1	황영국	남	74	대졸	1993	악기 제조	천호동
2	천 산	남	32	대졸	2011	금융업	대림동
3	신화영	여	32	고졸	2002	중국어강사	수진동
4	최연자	여	31	박사과정	2010	학생	화양동
5	박용문	남	41	대졸	1995	여행사(자)	가리봉
6	김은희	여	38	대졸	2001	회사원	대림동
7	김 화	여	42	대졸	2008	회사원	구로동
8	최 연	남	45	박사과정	2010	학생	신정동
9	유광수	남	53	고졸	2010	건설업	홍제동
10	주경국	남	50	고졸	1999	동포신문 기자	세류동
11	김국철	남	43	대졸	1997	단체장(자)	대림동
12	김 범	남	32	박사	2007	강사	회기동
13	정금화	여	29	석졸	2006	회사원	상수동
14	김자영	여	28	석졸	2011	서비스업	경안동
15	여순애	여	55	고졸	2010	식당(자)	경안동
16	서대희	남	59	고졸	2000	건설업	도림동
17	한희애	여	73	대졸	2000	단체장	홍제동
18	차금희	여	60	초졸	2007	가정부	홍제동
19	최성식	남	54	대졸	1990	건설업	가리봉동

20	남석희	여	68	초졸	1997	가정부	홍제동
21	조권영	남	75	대졸	2004	중의 무료봉사	가산동
22	최성희	여	58	대졸	1998	단체장(자)	가리봉동
23	최동식	남	50	고졸	2008	건설업	목동
24	함영수	남	42	대졸	1999	회사원	의정부동
25	임영란	여	39	박사	2004	회사원	수진동
26	한오영	여	33	고졸	2002	중국어강사	수진동
27	전수철	남	30	박사과정	2010	학생	화양동
28	김춘희	여	54	초졸	2002	서비스업	독산동
29	오혜화	여	32	초졸	2003	서비스업	화곡동
30	박선국	남	60	초졸	2008	건설업	경안동
31	강미옥	여	50	초졸	1998	서비스업	중대동
32	남칠성	남	76	대졸	1996	자유직업	홍제동
33	김화자	여	64	초졸	1994	단체장	홍제동

*(자)는 자영업 운영자를 가리킴.
**홍제동은 연합회 '우리집'에 거주함을 가리킴.

면담대상자들은 악기제조, 금융업, 중국어 강사, 통역, 신문기자, 회사원, 가정부, 서비스업, 건설업 등 다양한 직업을 가지고 있으며 자영업 운영자가 4명이고, 직업이 따로 없이 단체만 운영하는 단체장이 2명이다. 면담대상자 중 단체장과 단체회원은 모두 15명이고, 비회원은 18명이다. 단체장 가운데서 2명은 자영업을 운영하고 있으며, 연합회 단체장 같은 경우는 위에서 언급했듯이 직업이 따로 없이 단체만 운영하며 단체 내에서 월급을 지불한다. 면담대상자 중 '조선족 타운'에 거주하는 자는 총 9명이고 기타 지역에 거주하는 자는 24명이다. 현지조사에서 한국인들에 대한

인터뷰도 진행했으며 필요한 자료를 논문에 활용하였다. <표 3>
은 면담대상자의 일반적 특성을 도표화한 것이다.

<표 3> 면담사례자 일반적 특성

	특성	빈도	비율
성별	남	16	48.5
	여	17	51.5
	계	33	100
연령	20대	2	6
	30대	9	27.3
	40대	5	15.2
	50대	9	27.3
	60대	4	12.1
	70대	4	12.1
	계	33	100
학력	초졸	7	21.2
	고졸	7	21.2
	대졸	11	33.3
	석졸	3	9.1
	박사과정	3	9.1
	박사	2	6.1
	계	33	100
체류기간	1-5년	8	24.2
	6-10년	8	24.2
	11-15년	12	36.4
	16년-20년	5	15.2
	계	33	100

전체 면담대상자 중 여자는 17명, 남자는 16명이다. 연령별로는

20대 2명, 30대 9명, 40대 5명, 50대 9명, 60대 4명, 70대 4명으로 서 30대와 50대가 가장 많다. 학력별로는 초졸 7명, 고졸 7명, 대졸 11명, 석졸 3명, 박사과정 3명, 박졸 2명으로서 고졸과 대졸이 가장 많다. 이주기간별로는 1－5년이 8명, 6－10년이 8명, 11－15년이 12명, 16－20년이 5명으로서 1－5년 사이와 11－15년 사이가 가장 많다.

4. 문헌연구

우선, 1차 문헌연구는 2010년 7월부터 시작되었다. 연구자는 2010년 7월부터 8월까지 연변지역의『연변일보』,『흑룡강신문』,『료녕조선문보』,『길림신문』(1990.1 － 2010.7) 등 신문자료에서 조선족 관련 사회문제들을 중심으로 살펴보았다. 2011년 3월부터 4월까지『조선일보』,『국민일보』,『동아일보』,『한겨레』,『문화일보』,『중앙일보』,『한국일보』,『서울신문』,『경향신문』,『재외동포신문』,『동북아신문』,『동포타운신문』(1990.1 － 2011.3) 등 신문자료에서 조선족 관련 시사, 사설 등을 수집하였다. 그리고『연변문학』,『도라지』,『송화강』,『장백산』(1995.1 － 2011.8) 등 잡지에 실린 조선족 공동체, 정체성, 자녀교육, 일상생활 등을 소재로 한 소설, 산문들을 구독함으로써 조선족들의 한국 이주가 증가하면서 변화되는 조선족 사회와 조선족의 삶의 과정을 이해하는데 활용하였다.

다음으로, 중국 조선족 역사에 관한 1차 자료와 연구서, 논문을 인용하여 중국 조선족의 역사적 형성과 민족 정체성을 시기별로 구분하였다. 그리고 선행연구들을 비판적 관점에서 검토하고, 문제점을 파악한 뒤 한국과 중국에 관련 된 1차 문헌, 정책자료, 선행연구를 참고하여 분석에 필요한 내용들을 재구성하였다.

마지막으로 『출입국통계연보』, 『서울시통계연보』, 『구로구통계연보』, 『영등포구통계연보』, 중국『통계연감』 등 한국과 중국의 통계자료를 참고하였다.

# 제3절 책의 구성

　기존에 형성되었던 민족 정체성은 당연하게 사회적 맥락과 상호작용하며 새롭게 재구성되는 과정에 영향을 미친다. 현재 재한 조선족의 정체성 또한 국제적인 이동의 시대에 새롭게 형성된 것이 아니라, 중국에서 형성 지속되어온 소수민족으로서의 조선족 정체성이 현재와 같은 시대의 변화와 함께 지속 혹은 새롭게 변화 재구성되고 있다.

　위와 같은 관점에서 이 책에서는 정체성을 객관적 차원－주어진 것(지역, 혈통, 언어, 문화, 역사, 공동체의식), 상호작용의 차원－외부로부터 규정된 것(통치성, 국적, 여권, 학문, 신분), 주관적인 차원－자기의식적인 것(소속감의 통일성, 통합성, 동일시, 분화) 등 세 가지 차원으로 구분하여 보고자 한다.

　첫째, 객관적인 차원에서는 기존에 형성된 중국 조선족의 정체성을 고찰하고자 한다. 구체적으로 중국 동북지역에 정착한 조선인들이 어떠한 민족 정체성을 가지고 살아갔으며, 또한 어떻게 조선족이라는 '소수민족' 정체성을 형성하게 되었는지를 살펴보고자 한다.

둘째, 상호작용의 차원에서는 재한 조선족에 대한 외부의 규정화 즉 한국의 법적·제도적 현실과 그들의 사회·문화적 위치에 대해 고찰하고자 한다. 이는 재한 조선족들이 스스로를 새롭게 규정짓는 사회적 조건과 현실을 밝히려는 작업과 맞물린다.

셋째, 주관적인 차원에서는 외부의 규정화에 직면한 재한 조선족들이 어떻게 스스로를 규정짓고 살아가는지에 대해 고찰하고자 한다. 구체적으로 스스로의 삶의 공간을 확보해나가는 재한 조선족들의 실천전략 및 귀속의식을 살펴보고자 한다.

이 책은 이러한 연구의 흐름과 연구내용에 따라 모두 5개장으로 구성되었다.

Ⅰ장에서는 연구목적을 제시하고, 이론적 논의를 비판적으로 검토하였으며 기존연구의 한계를 지적하였다. 그리고 연구방법에 대해 구체적으로 설명하고, 책의 흐름과 구성에 대해 서술하였다.

Ⅱ장에서는 중국 조선족의 기존의 정체성이 어떠한 과정 속에서 형성되었고, 조선족은 어떠한 정체성을 가진 집단인지에 대해 살펴보았다. 구체적으로 1910년 한일합방이후 만주로 이주하여 간 조선인들이 어떠한 과정 속에서 조선족이라는 중국 '소수민족' 정체성을 형성하게 되었는지에 대해 고찰하였다.

Ⅲ장에서는 중국에서 형성 지속되어온 소수민족으로서의 조선

족 정체성이 어떠한 사회적 구도와 현실 속에서 재구성되는지를 고찰하였다. 이를 위해 먼저 중국 조선족의 한국 이주배경과 이주 경과에 대해 살펴보았고, 다음으로 조선족을 둘러싼 법적·제도적 차별과 사회·문화적 차별에 대해 살펴보았다.

Ⅳ장에서는 재한 조선족들이 자신들을 둘러싼 사회적 현실과 조건 속에서 어떻게 스스로를 규정짓고 살아가는지에 대해 고찰하였다. 먼저 재한 조선족들의 실천전략을 고찰하였고, 나아가 각 실천전략들의 차이와 의미에 대해 살펴보았다. 다음으로, 실천전략별 귀속의식 및 그 특징에 대해 고찰함으로써 재한 조선족의 정체성의 변화를 살펴보았다.

Ⅴ장에서는 책의 내용을 전체적으로 요약, 정리하고 연구의 한계를 지적하였으며 향후 연구과제 정리로 마무리하였다.

02

조선인의
동북이주와
'소수민족' 정체성의
형성

 # 제1절 조선인의 동북이주와 민족 정체성

1. 조선인의 동북이주

조선인의 동북이주를 1620－1670년대 망명과 노략의 이주, 1670년부터 1860년까지 봉금정책시기의 이주, 1860년부터 1910년까지 봉금정책 폐지 이후의 이주, 1910년부터 1931년까지 자유이주, 1931년부터 1945년까지 강제이주 등으로 구분하는 것이 학계의 보편적인 구분방식이다. 이 글에서는 이러한 구분방식을 따르고자 한다. 따라서 이 절에서는 각 시기별 조선인의 동북이주의 양상을 간략히 서술하도록 하겠다.

먼저 명말·청초인 1620년부터 1670년까지의 조선인들의 이주양상을 살펴보면, 주로 생계유지를 위해 이주한 조선인, 조선내부의 당쟁과 형사사건을 피해 망명한 자, 후금(後金)의 누르하치 군대가 조선변경(邊境)에서 노략한 백성들, 1619년 원정 명나라 13,000여명의 조선군대 중 후금에 투항한 장병들, 1627년 정묘호란과 1636년 병자호란에서 포로가 된 수만 명의 조선인들이 이주민의 대다수였다. 그들이 동북지역에 이주한 뒤 포로가 된 조선군인 중 일부는 보상금을 내고 조선으로 반환되었고 일부는 만주족 귀족의 장원(莊園)에 하인 혹은 가노(家奴)로 정배되었으며, 일부는 만주팔기군(滿洲八旗軍)으로 편성되었다. 살해된 조선 군인들도 많았는데, 주로는 1619년 원정 명나라 조선 군인들이었고, 정자호란과 병자호란 시에 살해된 기록은 많지 않다.

다음으로 1671년부터 1860년까지의 봉금정책시기에는 인삼채집, 수렵, 벌목, 경작14), 무역 등 방법으로 생계를 유지하기 위해 이주한 조선인들이 대부분을 차지했다. 그들의 이주지역은 주로 두만강, 압록강 북부의 변경지대였다. 이 시기 조선 북부 특히 함경도가 산이 많고, 경작지가 적으며, 기후가 경작에 적합하지 않다는 이유로 생계를 유지하기 힘든 함경도 조선인들이 동북으로 많이 이주 했다. 뿐만 아니라 그들이 처한 사회 환경도 이주의 주요원인이었다. 그 당시 조선에는 조선북부의 조선인들을 무시하는 현상이 사회적으로 만연했기에, 조선 북부의 조선인들에게는 이러한 무시에 대한 강한 반항의식이 생성되었다. 그로 인해 분쟁이 자주 발생했고 분쟁에서 패한 자는 동북으로 이주하게 되었다.

---

14) 경작은 초기에는 새벽에 월경하여 화전이나 포지를 하여 곡식을 심거나 김을 매고는 밤에 도로 돌아가는 즉 조경막귀(朝耕幕歸)의 방법을 취하였고, 시간이 지나면서 이른 봄에 쟁기를 메고 건너와서 깊숙한 산골에 막을 쳐놓고 화전을 부치고 가을에 수확물을 거두어 가지고 돌아가는 '春耕幕歸의 방법을 취하였으며, 그러는 과정에서 점차 정착하게 되었다(박창욱, 1991: 182).

또한 조선 정부의 지역격리정책은 함경도 지역을 사회적으로 고
립시켰고, 북부 조선인, 남부 이민자 혹은 유배자들의 조선내부에
서의 자유로운 이동도 제한되었기에 그들은 엄격한 청조의 봉금
정책 상황에서도 부득불 살길을 찾아 동북지역으로 이주할 수밖
에 없었다(손춘일, 2009: 66-88).

셋째, 1861년부터 1910년 한일합방이전까지, 조선인들은 대량
으로 동북지역에 이주하기 시작하였다. 1866년 병인양요와 1871
년 신미양요 이후 조선 정부는 국내외 혼란에 빠졌다. 이에 흥선
대원군(1820-1898)이 뒤흔들리는 정권을 만류하기 위한 목적으
로 경복궁 재건에 필요한 돈을 각종 명분으로 징수하고 사람들을
동원하여 경복궁을 재건하였는데, 이는 조선 농촌사회에 큰 타격
을 주었다. 또한 1860년부터 1870년까지 조선 북부 지방에는 전
례 없는 자연재해가 발생하였는데, 이때 토지를 상실한 많은 함경
도 조선인들이 할 수 없이 가족을 거느리고 동북지역으로 이주하
게 되었다(손춘일, 2009: 121-123).

넷째, 1910년 한일합방이후부터 1930년까지 식민지 조선에 대
한 일제의 1912년의 '토지조사사업', 1920년의 '산미증식계획'의
실시 하에, 토지와 경작권을 잃은 조선인들이 중국으로 대거 이주
하였다. 뿐만 아니라, 식민지 조선에 대한 헌병통치 하에 독립운
동가, 천도교·기독교의 종교인, 민족교육인 등 다양한 계층의 조
선인들이 많이 이주하였다.

다섯째, 1931년 '만주국'이 성립된 후부터 1945년까지는 일제
가 조선인 이민을 적극적으로 관장하여 통제한 시기이다. 이 시기

는 통제와 안정시기(1932－1936), 통제와 무육시기(1937－1945) 두 시기로 나눌 수 있는데, 통제와 안정시기에는 주요하게 집단부락[15] 건설을 시도하였으며, 통제와 무육시기에는 집단·분산·집합 이민 정책을 실시하였다[16]. 그러나 이 시기 조선인들이 무조건 이민정책에 따라 동북으로 이주한 것은 아니다. 1931년 9.18사변 이후, 조선독립과 민족해방에 대한 신념이 사라지기 시작한 조선 청년들에게는 일종 자포자기의 비관적인 정서가 돌기 시작했고 반일의식이 점차 약화되었으며, 조선 농민들에게는 일종 향락주의사조가 만연하기 시작하였다. "반일의식의 약화, 조선총독부의 기만성으로 인하여 '만주국'은 조선인들에게 횡재의 꿈을 실현할 수 있는 곳으로 상상되었으며"(손춘일, 2009: 441), 많은 조선인들의 동북지역으로 이주하였다.

---

15) 일본에서 '部落'(부라쿠)은 에도(江戸)시대 이래로 천민들의 마을을 일컫던 말로, 부락민은 士農工商에도 들지 못하고 '천한 일'을 하던 백정을 지칭했다(『毎日新聞 用語集』, 1999).

16) 통제와 안정시기에 일제는 주로 조선인 농민에 대한 안정을 도모하는 데 중심을 두고 조선 내 조선인들의 이주에 대해서는 적극적으로 추진하지 않았다. 그러나 1937년 중일전쟁이 폭발한 이후에는 일본인 개척민과 함께 조선인들도 계획적으로 동북지역에 이주시켰으며, 이주증명서를 발급하여 그들을 통제하였다. 이러한 통제는 최초에는 엄격히 적용되었으나, 조선인들의 반발과 주변상황의 변화에 따라 집단·분산·집합이민정책으로 수정이 가해졌다. 구체적으로 말하자면, 1937년 초기에는 조선인 이민의 종류가 만선척이 취급하는 '집단이민' 뿐이었으나, 37년 말부터 순전히 개인적인 자원의 '분산이민'이 첨가되었고, 1938년에는 지역제한이 원칙적으로 폐지되면서, '집합이민'이라는 종류의 이민을 추가하였다(김도형, 2009: 78).

2. 재만 조선인의 민족 정체성

먼저 1860년대 내우외환의 위기에 직면하게 된 조선에서 '민족'에 대한 개념들이 어떻게 싹트기 시작했는지를 보도록 하자. 이는 조선과 만주[17] 두 사회를 살았던 조선인들의 민족 정체성의 연속과 단절을 살펴보기 위한 중요한 역사적 맥락이다.

1860년대 조선의 상황을 살펴보자면, 조선은 1876년 병자수호조약 체결을 계기로 "근대 민족국가로서의 정체성을 수면 위로 떠올리게 되며, 이 조약이 조선과 일본 사이의 봉건적 통문관계를 파괴하고 근대 국제법상의 토대 위에서 체결한 통상조약이라는 측면에서 국제 질서 속에서의 조선의 위치를 문제 삼게 된다"(이혜정, 2006: 52).

그리하여 내우외환의 위기에 직면한 지식인들은 '민족'에 대한 지식을 생산하여 위기에 대처하려 하였다. 따라서 그러한 노력들은 대체로 민족과 국가의 다양한 '특성'들을 규정짓는 일들이었으며, 세계 자본주의 체계에 편입되는 시점에서 스스로를 고유의 민족으로 만들어내는 문화적 전략들이었다. 억압받는 민족과 해방되어야 할 민족 사이에서 민족에 대한 이해는 두 갈래로 갈라진다. 즉 억압 때문에 민족은 자연적으로 부정되고 비하되며, 해방

---

17) '만주'란 오늘날의 중국 동북지역―흑룡강, 길림, 요녕―을 가리키며 현재 중국인들은 이 지역을 '동북' 혹은 '동북3성'이라고 부르고 있지만 한국인들은 여전히 '만주'라는 용어를 사용하고 하고 있다. 1945년 이전까지 중국인들과 한국인들이 모두 이 지역을 '만주'라고 불렀기 때문에 여기에서는 '만주'라는 용어를 그대로 사용하겠다.

을 위해 민족은 역사적으로 만들어져야 했고, 국혼이 창조되어야 했으며, 심성을 가져야 했다. 국망(國亡)이 눈앞에 다가오자 "민족주의자들은 이제 국가 중심의 민족 개념에서 벗어나 그 대안으로 정신적 차원의 국혼(國魂), 국수(國粹)라는 새로운 개념을 모색하기 시작하였고, 그 핵심적인 역할이 역사에 부여되었다. 신채호는 『독사신론(讀史新論)』을 통해 국가 중심적 정의에서 벗어나 종족적인 정의를 내세우는 새로운 민족 개념을 제시하였는데, 이때 부계적 혈통에 기반을 둔 민족의 계보로 단군이 주목되었고, 기자신화에 철저한 비판이 가해졌다"(은정태, 2008: 436).

구체적으로 말하자면, 식민지 조선에서 '민족'은 동일한 조상, 역사, 종교, 언어를 공유해야 하며, '국민'은 동일한 이해관계 속에서 함께 행동할 수 있는 정신을 가져야 했다. 같은 영토 안에서 수많은 개개인들을 하나의 국가로 불러들이는 작업은 민중들에게 국민정신을 주입하고 항상 동일한 이해관계로 얽혀있다는 것을 알려야 하는 것이다. 이때 동원된 수단이 바로 단일민족으로서의 역사적 운명공동체라는 민족적 상상력이다. 즉 종족적으로 단군의 후예라는 정체감과 문화적으로 기자로 표상되는 정체감을 공유한 공동체임을 피력함으로써, 식민지 조선인들은 점차 단군의 신성한 민족으로 회귀하였다. 역사적 기억들을 창안하는 과정은 과거의 기억들이 선택적으로 구성되는 과정과 맞물린다. 그러한 과정을 거쳐 하나의 위대한 민족 서사가 구성되며 그것은 민족과 국민을 등치시키는 식민지 조선인의 단일민족이데올로기를 형성시켰다.

이와 같이 1860년대부터 '민족'이라는 개념이 지식인들에 의해 거론되면서 근대적 의미에서의 '민족'이 형성되기 시작하였다. 그러나 일부 지식인 계층에 의해 거론되던 민족 담론이 바로 그 시기부터 일반 민중들에게도 대폭 수용된 것은 아니다. 한 민족의 민족이데올로기가 일반 민중들에게 전파되기까지는 얼마간의 시간이 걸린다. 하기에 그 시기 조선인들에게 '민족'이라는 개념은 크게 전파되지 못했으며, '민족'이 중요해지는 시점에서 살길을 찾아 동북지역으로 이주하여 간 조선인들은 한반도에서 형성되고 있는 민족의식과 는 다른 개념의 것을 형성하여갔다.

그렇다면, 1910년 이후 만주 조선인의 민족 정체성은 어떻게 형성되는가. 1905년 '을사조약'체결이후 만주는 식민지 독립운동가, 일본, 중국, 서구 열강들의 각축장으로 부상하게 되며, 따라서 그 장의 주체를 이루는 재만 조선인들은 여러 세력들의 지배대상이 된다.

민족주의자들은 국혼(國魂), 국수(國粹)의 새로운 개념에 대해 모색하기 시작했으며, 민족의 정당한 영역을 단군이 최초로 정착한 영토로 규정하기 시작했다. 따라서 그들에게 있어 만주의 흥망성쇠는 조선의 흥망을 보는 척도가 되었다. 그리하여 만주를 비롯한 해외 동포들의 민족적 실천이 증가하였고, 그에 따라 민족의 미래는 국내보다 국외에 있다는 논리가 갖추어져, 한국 독립 운동의 주도권이 점차 해외로 이전하게 되었다"(은정태, 2008: 436).

북간도[18])에서 활동하던 민족독립 운동가들은 독립운동기지 건설을 위한 다양한 형태의 민족운동을 전개하였는데, 그 중에서도 가장 중요하게 이루어졌던 것이 바로 재만 조선인 자제들의 항일 민족의식을 고취하고 이를 바탕으로 독립운동의 지도자를 양성해내기 위한 민족주의 교육이었다. 그러한 사회적 분위기 속에서 만주 조선인들은 점점 '망향의식'과 '망국의식'을 형성하게 되었다.

그들의 '망국의식'은 민족교육이라는 텍스트를 통해서도 알 수 있을 뿐만 아니라, "사립학교를 설립하려는 교육의 열기가 고양되어 조반석죽도 제대로 못하며 근근이 생계를 유지해가는 농민들마저도 서슴없이 의연금과 의연곡식 등을 기부함으로써"(이정문, 1985: 119-120) 학교설립을 지원했다는 사회적 현상을 통해서도 알 수 있다.

재만 조선인들은 '망향의식', '망국의식'을 형성하였을 뿐만 아니라, 교육정책을 통한 각 세력 간의 견제에 의해 복합적이고 다중적인 민족 정체성을 형성하였다. 재만 조선인의 근대적 민족교육이 1906년 서전서숙(瑞甸書塾)의 설립이후 본격화되기 시작하고, 일제가 1908년에 간도 보통학교를 설립하는 등 재만 조선인에 대한 교육을 시작하자 그들을 중국 정부에 귀속시키려는 의도가 재만 조선인에 대한 중국정부의 교육정책[19]으로 나타났으며, 이에 따라 재만 조선인들의 민족 정체성은 다양하게 형성된다.

그렇다 하더라도, 재만 조선인의 민족 정체성이 완전히 그들에

---

18) 間島는 중국 길림성 동남부에 위치한 곳으로, 엄격한 의미의 지명은 아니며, 한국인과 일본인에 의하여 延邊일대가 간도로 통칭되어 왔다. 간도는 보통 北間島와 西間島로 구분되며, 북간도는 백두산 동북쪽의 두만강, 대안의 延吉·和龍·汪淸·琿春의 4개 縣을 가리키며, 西間島는 그 서남쪽, 즉 압록강 대안 일대로 安圖·長白에서 通化 등 여러 현에 걸치는 지역을 말한다.

19) 중국과 일제의 대조선인 교육정책에 관해서는 박금해(2009, 2010) 논문을 참조하기 바람.

대한 교육과정에서 형성된 것이라고 보기 힘들다. 왜냐하면, 중국 정부의 통제는 일본의 세력을 견제하는 데 주된 목적을 두었기에 조선인에 대한 고압적인 파시스트 교육을 실시하지 않았으므로 1920년 이전까지 간도 조선인들의 민족교육은 기존의 맥을 그대로 유지할 수 있었기 때문이다. 또한 일제가 식민지 통치 전반에 걸쳐 동화와 우민화의 식민주의교육을 실시하였다 하더라도, 만주 조선인에 대한 일제의 식민주의교육은 초등학교까지밖에 진행되지 않았기에, 결국 재만 조선인의 민족 정체성은 만주의 여러 사회구성원들과의 상호작용을 통해 형성된 것이라고 보아야 할 것이다.

여기에서 짚고 넘어가야 할 것은, 1945년 이전까지 일제의 황민화교육을 받은 그 시기 초등학교 학생들이 확실히 '일본신민의 조선인'으로서의 '민족 정체성'을 가지고 있었다는 점이다. 이는 1927년생 조선족 할아버지 김진씨의 사례를 통해서도 알 수 있다[20].

조선사람이지만 일본국민이라고 생각했지. 조선 사람도 만주국 국민이 아니다. 조선사람은 일본 국민에 속한 조선인이다 그저 이것만 그때 기억하고 있었어. 소학교때. 만주국이 성립되기 전에두 일본국민이라고 생각했지. 식민지때이니까. 여기 있는 조선학교에서는 내 3학년까지는 조선어가 있었는데 그 후부터는 일률로 조선어문이 없구 다 일본글이었단 말이다. 일본 산수, 역사, 지리 다 일본말로 되었지. 선생이 들어와서 다 일어로 강의했지. 그런 생각두 많구, 그럴 때면 주먹을 내걸고 야단쳤지. 일본을 위해서. 조선이 일본에 의해 망한 거 모르지 머. 우리 애들이니까 어떻게 아니. 그리구 아침 제조도 학교에서 하고 저 동쪽이면 일본 동경 쪽이 아이야. 거기다 대고 일본천황한테 사이께이라는 절을 매일 한

---

20) 1927년생 할아버지에 대한 인터뷰는 연구자가 2011년 2월 14일 중국 길림성 연변조선족 자치주 연길에서 진행되었다.

다고. 일본황민사상을 주입했지(김진).

재만 조선인들의 민족 정체성은 각 세력들의 각축으로 인해 불연속성, 다중성을 띠게 되었다고 할 수 있다. 그들은 "일본에 있어서는 제국신민인 동시에 불령선인이었고 중국에 있어서는 일본의 앞잡이임과 동시에 자국에도 편입되고 싶어 하는 사람"(槻木瑞生, 1975: 103)들이며, 3개국 사이에 끼인 복합적인 정체성을 소유한 존재들이다.

요컨대, 만주에서의 교육을 둘러싼 한·중·일 세력의 각축은 그러한 공간이 "중국과 일본에서 근대 민족주의가 정당성을 획득하면서 만들어진 공간임을 말해주며, 이산, 정착, 유리(遊離)와 탈출, 방황으로 점철된 무수한 다중적 정체성이 형성되고 경험되어 왔던 역사적, 현재적 장소"임을 말해준다(김경일, 2004: 17). 이러한 역사적 공간에서 재만 조선인들은 '언제인가는 꼭 독립되어야 할 민족'이라는 의식을 가지고 살아감과 동시에, 이른바 "'일본국의 신민'이면서도 중화민국의 '간민'·'귀화민'[21]이라는 이중적 신분을 가졌기 때문에 중·일 사이의 복잡한 외교적 관계에 끼여 수시로 갈마드는 중일 양국의 통제와 간섭을 피할 수 없는 존재"(박금해, 2009: 113)가 되어갔다.

하기에 그들은 시세에 능하고 또 자신의 이익관계에 따라 국가

---

21) 1920년대에 접어들어 중국국적으로 귀화한 조선인들이 점점 늘어났다. 1928년 2월 조사에 따르면, 간도 연길·화룡·왕청·훈춘현의 조선인 귀화자는 총 53,739명으로서 전체 조선인 간민수의 14%를 차지하였는데, 이는 1910년대 10%보다 4% 늘어난 수치이다(손춘일, 2009: 349).

적 귀속을 선택할 여지가 있는 존재들이였으면서도, 한편으로는 그 어디에도 귀속되기 힘든 존재들이었다. 때문에 그들은 스스로를 터전을 잃은 '망향'의 주체이자 '독립'의 사명감을 지닌 어떠한 의미 있는 존재로 상상하며, 서글픈 현실을 위로하고자 했던 존재들이었다.

상술한 바와 같이 당시 재만 조선인들의 인식을 해석할 수도 있겠지만, 재만 조선인들에게 급선무는 여전히 만주 땅에서 삶의 터전을 개척하고 가족이 아무 사고 없이 안전하게 살아가는 것이었음을 간과해서는 안 된다. 그들의 의식에는 자신들의 수난에 대한 '저항의식', 만주에서의 '정착의식', 일상적 삶에의 '순응의식' 등이 더욱 중요한 위치를 차지했다.

이처럼 재만 조선인의 민족 정체성은 식민지 조선에서 민족의 독립을 중심으로 형성된 민족 정체성과는 완전히 다른 것이었고, 서로 다른 사회적 배경에 놓이게 된 두 집단－조선족과 한국인 집단－의 민족의식은 서로 다른 두 갈래로 갈라지게 되었다.

# 제2절 조선족의 민족 정체성의 형성

1. 법적 지위와 과도기의 민족 정체성

　1945년 해방이후, 만주 조선인들 중 일부는 조선반도로 귀환하고 일부는 만주에 남아 중국의 '소수민족'의 하나인 '조선족' 으로 편입된다. 그들이 조선족으로 편입되었다 하더라도 1958년 이전까지 그들의 국가적 소속은 뚜렷하지 않았다.

　1948년 8월, 중국 정부는 "연변 조선민족 인민의 소수 민족 지위를 확정하고 당의 민족평등 정책을 견결히 관철하는 외에도 반드시 이 민족은 조국이 있는 소수민족이라는 특점의 존재를 반드시 승인해야 한다고 규정하였다"(延邊朝鮮族自治州檔案館, 1985: 387), 따라서 그들의 '이중국적'을 허용하였고, "중국의 조선인민은 원래 자기의 조국=조선민주주의 인민공화국을 지녔음을 승인해야 한다고 하였다"(延邊朝鮮族自治州檔案館, 1985: 392).

하지만 조선인에 대한 '이중국적' 정책은 실시되지 않았을 뿐만 아니라, 재만 조선인들이 '조선족'으로 편입되는 과정에서 일반 민중들의 자발적인 선택의 과정은 크게 중요시 되지 않았다. 당시 재만 조선인들이 중국 공민으로 편입되는 과정에 대해 만주에서 태어난 1927년생 조선족 할아버지 김진씨는 다음과 같이 회고하였다.

> 그거 말하자면 일제시기와 일본놈이 패망한 이후를 갈라서 말해야 된다. 일제가 패망하기 전에 조선족은 일본 국민이었단 말이다. 일본 국민에 속하는 조선인이었지. 중국에 와서도 일본 국민이었지. 그다음에 일본놈이 망하고 중화인민공화국이 성립되면서 그때부터 옛날부터 산 사람은 중국공민이다 했지. 중국공민이 된거는 모두 백성들이 몰랐단 말이다. 그래서 정치학습을 하면서 이 문제가 나왔지. 우리는 어떻게 돼서 중국공민이 되었냐. 그때는 중국공민이 됐다는 거 말하면서 이전부터 산 조선 사람은 왜 공민이 되었는가. 공민은 누가 결정했는가. 그랜게 말하는 게 그 민족의 추장이 결정했다 했지 머. 그때 민족의 추장은 주덕해란 말이다. 그때 주덕해가 조선족을 결정한게란 말이다. 그리구 중국공민하고 대우가 똑같지 머(김진).

위의 구술에서 알 수 있듯이, 당시 만주의 일반 민중들은 '조선인'으로부터 '조선족'으로 편입된 사실에 대해 잘 몰랐다. 1955년부터 1960년까지 소련유학을 다녀온 정판룡(1994) 교수는 그의 저서에서 "1955년 자신이 연변대학을 떠날 때까지만 해도 중국에 사는 조선 사람들은 조국이 도대체 중국인지 아니면 조선인지를 잘 분간하지 못했다"(정판룡, 1994: 191)고 서술하였다.

이러한 역사적 사실은 당시 만주의 일반 조선인 민중들은 예전과 다름없는 삶을 살아갔으며 뚜렷한 국가적 소속을 형성하지 못했음을 말해준다. 따라서 국가적 소속이 모호한 당시 '조선족'들의 정체성을 '이중정체성'22)이라고 규정해도 무난할 것이다. 왜냐하면, 국가적 소속이 모호했다는 자체가 바로 중국과 한국/북한 가운데서 어느 것도 아닌, 또 두 가지가 모두일 수도 있는 '이중'의 국가적 소속을 소유했다고 할 수 있기 때문이다.

요컨대, 국가란 조선족들이 자유롭게 선택할 수 있는 사항이 아니었으며, 1958년 이전까지 조선족들은 모호한 조국관을 가지고 있었다. 정착지를 쉽게 떠날 수 있는 요건이 마련되지 않는 상황에서 역사적 운명이 부여한 '조선족'이라는 소수민족 정체성은 중화민족을 구성하는 중국의 거대한 프로젝트의 시작이었다.

---

22) 황유복 교수는 「조선족 정체성에 대한 담론」(2009)에서 조선족은 결코 '이중정체성'의 존재가 아님을 강조하였다. 그의 주장에 따르면, "'이중성'이란 '하나의 사물에 겹쳐있는 서로 다른 두 가지의 성질'(『국어사전』), '사물이 가지고 있는 상호 모순되는 두 가지 속성, 즉 하나의 사물에 구비된 상호 대립되는 두 가지 성질'(指事物本身所固有的互相矛盾的两种属性, 即一种事物同时具有两种互相对立的性质'『现代汉语词典』')"을 말하는데, "'중국공민'은 국적과 관련된 개념이고 '조선민족'이란 민족과 관련된 개념으로서, 서로 다른 개념을 함께 싸잡아서 이중성을 이야기할 수 없다". 구체적으로 말하자면 "만약 한 사람이 두 개 나라의 국적을 소유했다면 그는 이중국적자이고, 조선족의 절대다수가 중국과 한국(조선)의 국적을 동시에 취득했다면 조선족은 이중국적 민족으로 이중성을 갖는다 할 수 있다. 만약 조선족 민족구성원의 절대다수가 조선족과 다른 민족 사이에 태어난 혼혈아라면 민족의 혈연적(ethnic--"族裔") 이중성을 이야기할 수도 있는 것이다". 그러나 국적과 민족이라는 완전히 다른 개념을 하나로 묶어 "서로 다른 두 가지 성질"이라 할 수는 없다고 황유복 교수는 주장하고 있다. 그리고 그는 "조선족은 세계조선(한)민족공동체(族群)에 속하면서 중국의 소수민족 일원이기 때문에 이중성민족이 아니냐?"라는 질문에 세계조선(한)민족공동체가 존재하느냐라는 문제는 접어두더라도, 만약 그런 공동체가 존재한다면 "세계조선(한)민족공동체" 와 "중국 조선족"은 "서로 다른 두 가지 성질"의 개념이 아닌 하나의 "조선민족(族群)" 속의 전체와 일부분사이의 관계일 뿐이라고 답하므로써 조선족의 이중성을 부인하였다(황유복, 2009, 「조선족 정체성에 대한 담론」, http://www.zoglo.net/blog/read/huangyoufu/62956, 2012.5.26. 접속).

2. ‘소수민족’ 정체성 형성

재만 조선인들이 ‘조선족’이라는 소수민족 정체성을 형성하게
되는 과정은 그들의 정치적, 사회적, 역사적인 경험과 맥락을 같
이 하며, 따라서 그러한 경험들은 ‘조선족’ 집단의 역사적 형성을
말해주는 하나의 징표로 되었다.

먼저 1958년 이전까지 모호한 국가적 소속을 가지고 살아가던
조선족들은 1958년의 ‘반우파투쟁’[23]과 ‘지방민족주의’를 반대하
는 민족정풍운동[24]을 거치면서 점점 중국이라는 뚜렷한 국가적
소속을 가지게 된다.

1958년 4월 17일 개최된 연변조선족자치주 직속 기관 당원, 간
부대회에서 중국공산당 연변조선족자치주위원회 부서기 김명한
은 「지방 민족주의를 반대하고 민족 단결을 강화하자」는 발언을

---

23) ‘반우파’투쟁은 1957년 6월 정풍운동에서 사회주의 혁명과 건설에 불만을 가진, 중국공
산당과 사회주의를 거부하는 세력을 지칭하는 소위 ‘자산계급 우파’를 반대하는 운동을
말한다. 중국공산당은 당과 사회주의 사회건설에 대한 건의를 접수한다는 차원에서 ‘쟁
명, 만발과 일면 정돈하고 일면 개선하는’ 운동을 전개하였는데, 이에 고무된 각 계층에
서는 당과 사회주의 건설에 대한 건의를 ‘대자보(大字報)’로 써서 발표하였다. 이 ‘대자
보’는 중국공산당의 사회주의 건설 노선과 정책에 대한 건설적이 의견이 다수 포함되어
긍정적으로 평가할 수 있는 부분이 있음에도 불구하고, 1952년부터 추진된 사회주의개조
운동에서 생산수단을 박탈당한 계층의 불만이 표출되었다는 사실에 기초하여, 사회주의
를 반대하는 자산계급의 우파의 주장으로 취급되어 비판이 대상이 되었으며, ‘반우파’투
쟁의 주요한 증빙 자료로 이용되었다.

24) 여기서 말하는 ‘정풍운동’은 중국공산당이 소속 당원들의 사상풍기를 바로 잡기 위한 목
적으로 추진된 사상운동에서 그 유래를 찾을 수 있다. 이런 정풍운동의 원조는 1942년
연안정풍운동으로 거슬러 올라갈 수 있다. 정풍운동은 당 이론 공부와 병행하여 타자에
대한 비평과 자신에 대한 비평을 전개하고, 당원들의 사상인식을 통일하고, 한 단계 끌어
올리기 위한 목적으로 추진되었다. 1957년6월에 시작된 정풍운동은 두 가지 측면에서 진
행되었는데, 하나는 적아모순으로 규정된 자산계급 우파와의 투쟁이고, 다른 하나는 인민
내부 모순을 해결하는 투쟁으로서 내부의 정풍운동이었다.

하였다[25]. 이 발언을 계기로 중국공산당은 조선족에게 '두 개의
조국'이 있다는 관점을 '공산당이 영도하는' 중화인민공화국이라
는 '한 개 조국'만 승인하는 것으로 수정하였다. 그리하여 '조선
족'들은 모호한 국가적 소속으로부터 점점 '중국'이라는 뚜렷한
국가적 소속을 가지게 되었다. 정판룡 교수의 아래의 이야기는 민
족정풍운동을 겪고 난 뒤의 조선족들의 인식을 잘 말해준다.

> …… 그러나 민족정풍운동을 겪고 난 뒤 모두가 오직 중국만이 우
> 리 조국이지, 중국 외에 또 다른 조국이 결코 있을 수 없다고 한
> 다는 것이다. 그리고 중국이 우리의 조국인 이상 우리도 중국 사
> 람이라는 것이다. 그러니 이전에는 중국 사람이라 하면 한족을 가
> 리켰으나 이제부터는 중국인이라는 호칭이라 하면 한족을 가리켰
> 으나 이제부터는 중국인이라는 호칭이 우리에게도 해당되지 한족

---

25) 1958년 4월 17일 개최된 연변조선족자치주 직속 기관 당원, 간부대회에서 중국공산당
연변조선족자치주위원회 부서기 김명한은 '지방민족주의가 조선족 지식분자와 국가사업
일군 가운데 상당히 보편적으로 존재한다'고 진단함으로써, 이런 민족주의는 다음과 같
은 몇 가지 측면에서 나타난다고 하였다. 우선 지방민족주의는 연변지역에서 한족과의
'민족동화'를 반대하고, 연변지역의 '특수화'와 '순수화'를 주장하는 것으로 나타났다고
하였다. 이런 '특수화'는 본 민족의 이익을 부당한 지위에 놓고 일체는 본 민족의 이익으
로부터 출발하면서 본 민족에게 유리하기만 하면 다른 민족에게 해가 있든지를 불문하고
해내는 것으로 나타난다고 하였다. 또 민족 언어의 '순수화'는 한어, 한문을 배우는 것을
반대하고 조선족 인민을 기타 민족, 특히 한족 인민과 분립시키고 고립시키는 것으로 나
타난다고 하였다. 결국 지방민족주의가 주장하는 '민족동화', '특수화', '순수화' 등 문제
에서 '반동적 언론'을 유포하는 것은 그 목적은 중국공산당의 민족구역자치 정책의 실행
을 반대하고 민족을 분리시키고 조국의 통일과 각 민족의 단결을 파괴시키기 위한 데 있
다고 하였다. 다음으로 우파분자들이 조국 문제에서 '다조국론'을 제기하여 민족분리주
의를 고취한다고 하였다. 그 일례로 "어떤 우파 분자는 한 개 민족의 조국은 자기가 거주
한 국가, 공민의 권리를 향수 여부, 공민의 의무의 이행 등 조건에 의하여 확정할 것이
아니라 '선조와 혈통'에 의하여 확정해야 한다고 한다. 그들은 중국을 자기의 조국으로
하는 것은 '조선 민족의 감정을 손상'하는 것으로 '치욕'이라고 하면서 중국이 자기 조국
이라는 것을 부인한다. 어떤 자는 한 사람이 동시에 2-3개의 조국을 가질 수 있게 하며
그것을 '민족 조국', '제1조국', '법률조국', '무산계급조국' 등등으로 구분하자고 주장한
다. 그들은 만약 중국만을 '자기의 조국'으로 승인한다면 한족에게 '동화'될 것이라 떠들
고 있다"고 진단하였다. 이런 주장과 논조에 대응하여 그는 "공산당이 영도하는 근로 인
민의 천하에서 한 개 공민에게는 한 개의 조국이 있을 수 있을 뿐이고 두 개거나 세 개의
조국이 있을 수 없다. 이른바 '다조국론'은 실제를 탈리한 망상에 지나지 않는다"고 주장
하였다(김명한, 1958, 「지방 민족주의를 반대하고 민족 단결을 강화하자」, 『연변일보』
1958.4.26<3>).

을 중국 사람이라고 부르지 말아야 한다면서 말끝마다 한족 한어
조선족이라고 했다고 한다(정판룡, 1994: 191).

조선족들이 뚜렷한 국가적 소속을 가지게 되는 과정에 대한 설
명은 조선족 민족교육에 해석이 없이는 불가능하다. 한 민족 집단
의 사회적 구성은 다민족국가를 구축하는 나라의 민족교육 프로
젝트와 직접적인 연관이 있기 때문이다.

중화인민공화국이 창건된 직후, 국가는 조선족 초등학교와 중
학교에 모두 조선역사와 조선 지리를 설치하였다. 구체적으로
1951년 요동성 조선족 초급중학교의 역사교육을 살펴보면, 1학년
에 고려사, 2학년 1학기에 이조사(李朝史), 2학기에 중국통사, 3학
년에 중국근대사와 1910년 후의 조선역사 등 조선역사를 배치하
였다. 그러던 것이, 1953년에는 중앙교육부의 지시를 따라 “조선
역사과를 단독으로 설치하지 않고 중국역사 가운데 조선족의 역
사를 취급”하도록 하였다(박규찬, 1991: 337 − 338).

그 후 중국의 세계역사 교과서에 취급된 한국사의 내용과 범위
는 매우 제한되었다. 중국역사 교과서는 중국사를 가르치는 책인
만큼 다른 나라의 역사에 대한 서술이 거의 없었다. “세계사에서
한국사가 차지하는 비율은 2%밖에 안 되었고, 중국사에서도 중국
사 서술을 위한 목적에서 취급된 것이기에 그 나라 역사의 체계성
을 고려하지 않고 그중의 일부만을 단편적으로 다루었다”(박금해,
1993: 169 − 170).

또한 조선족들은 중학교부터 중국역사에서 요순우제(堯舜禹

帝) 등 개국전설을 배워왔기에 '단군신화', '주몽전설' 등 한민족 기원에 대한 내용을 접촉할 교육환경이 제한되었다. 따라서 중국에서 조선족들은 대부분 중국의 소수민족인 '조선족'이라는 민족 정체성을 형성하였으며, '민족은 한민족이고, 조국은 중국이다'라는 의미의 민족 정체성을 형성하지 못했다. 이는 김국철씨와 김은희씨의 구술에서도 확인할 수 있다.

> 중국에 있을 때는 조선족이라는 걸 느끼기야 느꼈죠. 너무 크게는 못 느꼈어요. 민족이 한족과 다르다 그것만 느꼈지. 크게 뭐 우리 모국은 대한민국이다 북한이다 그렇게 까지는 많이 못 느꼈어요. 중국의 현지에 있을 때는 그냥 민족이 다르다 뿐이지. 저놈들이 조선족을 욕하면 우리 민족을 욕한다 그냥 생각하고 여겨졌지만 한국에 와서 그런 걸 많이 느꼈어. 한국에 와서도 어디서 교육을 받은 게 아니라 인터넷을 접촉하면서 그런 걸 많이 느낀 거야(김국철).

> 어릴 때는 잘 몰랐지. 민족 정체성도 잘 몰랐고. 어느 정도 고등학교 대학교가면서 한국이라는 나라가 서서히 중국에 알려지면서부터 그전에는 몰랐잖아. 한국이 그냥 외국이라고 생각하고 우리하고 같은 말만 하는 걸로만 알았지 우리 고국이다 역사가 같다 이런데서는 생각해보려고 하지도 않았고. 한국에 와서 한국 사람들하고 많이 접촉하게 되니까 우리 조선족민족의 민족성에 대해서 점차 알아가게 된 거지(김은희).

하지만 소수민족 정체성을 보유하고 있으면서도 한민족 정체성을 형성하여온 조선족들도 많다. 그들은 대부분 이주1세대인 부모 혹은 조부모의 영향을 많이 받는다. 어릴 때부터 줄곧 할아버지한테서 '우리는 조선 사람이다'라는 생각을 강요 받아왔던 박용문씨는 '조선족은 단군의 후예'라는 '민족적 기원'에 대한 의식이 강했다.

어차피 우리는 나는 단군의 후예라고 생각을 하거든. 나는 우리 할아버지 영향을 좀 많이 받은 편이야. 할아버지는 중국에서 그때 당시 그 시골에서 농사짓고 살면서도 항상 나한테 가르치는 게 잊어서는 안 된다. 우리는 조선사람이다. 역사책 이야기도 많이 봤어요. 어릴 때. 홍길동도 재미있고 임꺽정도 재미있고 그때는 정체성이 없이 재미로 본 거지. 하지만 그런 내용들이 맘속에 배기니까 아 나는 이런 사람이구나 하는 정체성을 가지게 되지. 할아버지가 내가 죽더라도 너는 꼭 한국을 가봐야 한다. 니가 못가더라고 너 밑의 자식들이 사곡동에 가봐야 된다고. 할아버지가 돌아가시기 전에 술을 좋아하시는데 중국에서 저하고 한방을 쓰셨어요. 할아버지가 이 고향에 대한 고국에 대한 외국 즉 중국에서 몇십 년 살면서도 그 그리움이 어마어마한 거야. 내가 죽기 전에 통일이대야 내가 한국을 가볼 텐데 내가 만약에 못가면 너네라고 가봐라 계속 얘기하는 거야(박용문).

이와 같이 1958년 이후부터 조선족들은 서서히 중화민족을 구성하는 중국의 국가프로젝트에 포섭되면서 중화민족의 일부분인 '조선족'이라는 '소수민족' 의식을 형성하게 되며 중국에서 '조선족'으로서의 문화를 유지하면서 살아가게 된다. "조선족을 하나로 묶는 가장 대표적인 것"이 바로 '조선족'이라는 '소수민족' 의식(임채완·김경학, 2002: 256)이라고 해도 과언은 아닐 것이다.

또한 그들은 사회주의 국가에서 사회주의 이데올로기를 신봉하게 되었고 자본주의는 "무조건 나쁘다"는 의식 속에서 돈보다는 정, 이기주의가 아니라 이타주의, 차별이 아니라 평등, 게으름보다 근면함으로 표상되는 사회주의 체제이데올로기를 내면화하게 되었다. 뿐만 아니라, 조선족들은 '백의민족'이라는 민족적 표상 하에 자신들을 깨끗하고 근면한 민족으로 인식하고 있으며, "남·북한, 중국 어느 편에도 속하지 않는 조선족 내지는 중국의 조선족으로서의 생활양식을 가지고 살아갔다”(임채완·김경학, 2002: 255).

중요한 것은, 그들이 자신들을 동북지역에 뿌리박은 삶의 개척자이고 선구자, 해방전쟁, 항일민족전쟁에서의 선도자, 사회주의 건설에서의 주력군으로 생각한다는 것이며, 나아가 그것이 조선족이라는 소수민족 정체성을 구성하는 일부분이라는 것이다.

요컨대, 조선족은 1910년 이후부터 분절되기 시작한 역사의 흐름을 타면서 점점 중화민족을 구성하는 국가프로젝트에 포섭되며, 역사적·사회적으로 구성된 조선족의 민족관념에서는 단군신화, 민족영웅 등 한민족의 표상들을 찾아볼 수 없게 된다. 따라서 ‘조선족’이라는 하나의 ‘소수민족’ 집단이 바로 ‘중국’이라는 국가 그 자체를 말해주는 징표가 되었다. 또한 조선족들은 ‘중국의 일원’으로 구성되는 과정 속에서 사회주의 체제이데올로기, 가치, 관습, 규범, 행위양식 등을 내면화하였으며 역사적, 정치적, 사회적 경험 속에서 조상, 민족영웅, 과거의 고난 등으로 표상되는 민족관념을 형성하였다. 따라서 조선족이라는 ‘소수민족’ 정체성에는 중국이라는 국가적 소속, 사회주의 가치, 조선족의 역사적 형성 과정 등을 포함하게 된다.

그러나 이와 같은 민족 정체성을 가지고 살아가던 조선족은 한국에 입국한 후 스스로의 민족 정체성을 재구성하게 될 사회적 현실에 직면하게 된다. 과연 그들의 민족 정체성은 어떠한 사회적 구도와 현실 속에서 재구성되는지 살펴볼 필요가 있다.

03

한국의 사회적 현실과
차별의 경험
(1992년 이후)

# 제1절 중국 조선족의 한국 이주

1. 한국 이주의 배경과 경과

조선족의 이동은 농촌에서 도시의 이동으로부터 시작되며, 이는 중국의 산업화 및 도시와의 역사적 배경 아래에서 이해하여야 할 것이다. 개혁개방 이전, 중국은 중공업에 중점을 둔 계획경제를 실시하였으며 계획경제에서는 중국의 도-농간 이동이 제한되었다. 국가는 생산요소의 도-농 간 이동을 막아 도시인구로 하여금 낮은 임금으로 공업노동에 종사하게 하고 농촌인구가 도시에 진입하여 도시와 국가에 재정 부담을 주는 것을 방지하고자 하였다. 그러한 도-농간 분리를 유지하는 제도적 장치가 바로 '호구제도'[26]이다. 거기에 '인민공사화제도'[27], '계획공급제도'[28]들도'

호구제도와 함께 도-농 간 분리를 유지하는데 기여했다.

중국의 계획적 산업화와 이를 뒷받침하는 제도적 장치들은 여러 가지 폐단을 낳았으며 그것은 개혁개방 이후 인구이동을 촉진시키는 여건들을 마련하였다. 개혁개방 이전의 제도적 장치들은 도-농간 이동의 통제로 인한 농촌의 잉여 노동력을 증대시켰고 도시에 대한 재력과 물력의 집중 투자로 인한 도-농 주민 간 소득의 격차를 낳았으며 중공업부문에 대한 집중적 건설로 인해 도시에서의 비산업적 및 서비스 산업시설의 부족을 초래하였다.

이와 같은 결과들은 개혁개방 이후 농촌의 과잉노동력들이 도시로 이동할 수 있는 잠재된 상태를 형성시켰고, 도시민과 농촌민의 소득격차는 부를 창조하고자 하는 농촌사람들의 도시이주를

---

26) 1958년 1월 9일 마오쩌둥은 ≪중화인민공화국주석령≫을 통해 18일 전국대표자회의 상무위원회 제91차 회의에서 통과된 ≪중화인민공화국호구제도등기조례≫를 공포하였다. 이 조례에는 "공민은 반드시 항상 거주하는 지역의 등기를 한 상주인구이며 한 공민은 한 곳에만 등기를 하여 상주인구가 될 수 있다. 공민은 사적으로 상주지를 떠나서 3개월 이상 다른 지역에서 체류할 경우 호적등기기관에서 반드시 시간 연장을 하거나 호구전이 수속을 해야 하며 이러한 조건이 갖추어지지 않는 자는 반드시 상주지로 돌아와야 한다. 이 이후에 중국대륙의 공민은 자유로이 이주할 수 없으며 공안부문의 허가가 없이 어떤 사람도 공간상 자유이동을 할 수 없다"고 하였다.

27) 인민공사는 사회주의 국가의 하나의 조직형태로서 '농촌인민공사'와 '도시인민공사'로 나뉜다. '농촌인민공사'는 생산조직일 뿐만 아니라 기층정권이며 1958-1984년까지 보편적으로 존재했고, 시장경제의 건립과 함께 해체되었다. 인민공사의 기본단위는 생산대(生産隊)이다. 각 지역의 상황에 따라 인민공사조직은 인민공사, 생산대 혹은 인민공사, 생산대대, 생산대로 나뉜다. 인민공사 내에서 농민의 의식주는 모두 공사의 통제 하에 있으며, 공사는 농민들의 정치, 경제, 사회생활의 실체이다. 매 농민은 하나의 그룹에 편입되고 일정한 정도의 그룹은 하나의 생산대를 이루고, 생산대 위에는 생산대대가 있다. 생산대대 위에 인민공사가 있는데 생산대대는 대체로 지금의 하나의 촌과 흡사하고 인민공사는 현재의 진(鎭) 혹은 향(鄕)의 규모이다. 국가는 매년 매 공사에 생산임무지표를 하달하고, 인민공사는 또 생산대대에 임무를 하달하며, 농민의 모든 생산은 국가가 계획하고 통일적으로 수급(收給)한다.

28) '통일구매판매제도'는 1953년10월 중공중앙에서 ≪중공중앙의 식량통일구매와 판매≫에 관한 결의에 의해 11월부터 정식으로 시행된 제도이다. 이 제도는 간단하게 말하자면, 농민이 생산한 양식을 국가에게 팔고 사회가 필요한 양식을 국가에서 통일적으로 공급하고, 농부산품에 대한 사적매매를 금지하는 제도이다.

촉진하는 힘으로 작용하였다. 또한 도시에서의 불균형한 산업구조는 비산업 및 서비스부문의 건설에 필요한 노동력들이 농촌으로부터 이동하는 계기를 마련하였다.

조선족은 이러한 역사적 상황에서 농촌에서 도시로 이동하기 시작하였다. 개혁개방 이후 농촌에서 도거리책임제[29]를 실시하여 노동력이 남아도는데다가 생산비가 엄청나게 올라가는 반면, 양식 값은 올라가지 않아 농촌에서 경제적 어려움을 겪었던 조선족들은 '부'를 창출하기 위해 농촌에서 도시로 이동하였다.

개혁개방 이후, 조선족의 이동과 상업의 주체는 조선족 부녀들이었다. 그들은 제일 먼저 농촌의 울타리에서 벗어나 상업의 길에 들어섰으며 대담하게 치부의 길에 나섰다. '큰 일'만을 바라며 남성중심주의, 대장부주의의 유교사상이 뿌리 깊이 박혀있어 상업에 종사하는 일을 비천한 일로 간주하는 남성에 비해 여성들은 경제적 타산이 빨랐고 도시와 해외로 이동하여 돈을 벌기 시작했다.

조선족 여성들은 처음에는 생활비를 마련하고자 쌀을 머리에 이고 시장에 가서 팔기 시작했다. 그 뒤로 점점 조선족 전통음식, 야채, 과일, 의류 등을 파는 데로 확대되었고 나아가 음식점 등 자영업 경영에까지 이르게 되었다(정신철, 2000: 77). 뿐만 아니라 중·조 변경(中朝邊境)에서의 보따리장사로부터 한국나들이, 러시아나들이 등 국제무역에 종사하기 시작하였으며, 80년대 말부

---

29) '도거리책임제'는 중국의 기업체제 개혁 중 생산경영책임제 형식의 하나이다. '도거리책임제'는 사회주의제도 공유제(公有制)하에서, 소유권과 경영권이 분리되는 원칙을 실시하며 계약을 통해 국가와 기업 간의 책임, 권리, 이익관계를 확정하고 기업으로 하여금 자주적으로 경영관리 하도록 하는 제도이다.

터는 북경, 청도, 상해 등 큰 도시로 진출하였다(전신자, 2007: 72). 그러나 상업의 길은 평탄하지만은 않았다. 자영업을 운영하는 경우 자본이 부족했기 때문에 소규모의 장사가 대부분이었고(림금숙, 1994), 자금조달에 있어서도 넓은 관계망을 가지고 있는 한족에 비해 원활하지 않은 편이었다. 또한 농사를 짓는 조선족일 경우, 위에서 언급하였듯이 농업생산비용이 높아지는 반면 쌀값이 크게 오르지 않아 경제수입은 보잘 것이 없었다(림금숙, 1994).

이처럼 개혁개방과 함께 '부의 창출'이 모든 가정의 중대사로 떠오르던 시대에 대부분 농경생활에 종사해 오던 조선족들은 창업과 생존의 어려움을 겪었다. 따라서 그러한 어려움 속에서 조선족들은 자신이 살던 공동체를 떠나 도시로 이동하거나 해외로 이동하게 된다. 55살의 여순애씨는 개혁개방의 시대에 물질적 욕구에 떠밀려 도시로 이사를 하게 되며, 부의 창출에 관심이 없는 남편과 결국 이혼까지 하게 된다.

> 그때는 막 개혁개방을 해가지고 이웃들이 너도나도 돈을 벌어서 잘살기 시작했어. 우리 윗집에 살던 집에서는 남편이 간부가 돼가지고 막 잘살지, 내가 아는 사람들은 다 기회를 봐서 돈을 막 벌어들이지. 근데 우리 남편은 아니야. 가정을 위해 돈을 벌여야겠다는 생각이 꼬물만치도 없는 사람이야. 그래서 내가 혼자서 자식 둘을 먹여 살리는 게 너무 힘들었어. 그래서 나도 어떻게 되다보니까 남편과 이혼하고 장사를 하다가 외국수속이 돼서 일본으로 나갔다가 지금은 한국으로 나오게 되었지. 가정이 그렇게 가난하지 않았으면 이혼을 하지 않았을 거야(여순애).

위의 사례에서 알 수 있듯이, 조선족들에게 치부문제는 모든 가

정의 중대사였으며, 그 과정에서 부를 창출하지 못하는 남편은 가정을 책임질 수 없는 무능력한 자로 전락된다. 자본, 성(Sex), 가족이 유기적으로 결합되면서 조선족들의 삶에 총체적 변화가 생기게 된 것이다.

이와 같은 경제, 사회적 배경 속에서 조선족들은 외화벌이를 목적으로 한국, 미국, 일본, 사이판, 아르헨티나, 호주, 프랑스 등 나라로 이주하기 시작하며[30], 1992년 한·중 수교이후부터 한국으로 가장 많이 이동하였다. 그 이전인 1986년에도 조선족 이산가족 찾기 프로젝트를 통해 한국에 입국하는 조선족들이 있었다. 친족확인이 되면 간단한 여행증명서를 발급받아 한국에 갈 수 있었던 것이다(박광성, 2003).

1988년 올림픽 이후에 그러한 친족확인을 통해 한국을 방문한 조선족들이 점점 늘어났으며, 한국에 입국한 그들이 서울역에서 약장사를 하여 거액의 돈을 손에 쥐고 고향으로 돌아오게 되자 조선족 사회에서는 '한국바람'이 몰아치기 시작했다. 조선족들은 너나없이 친척방문, 산업연수, 한국유학, 국제결혼 등 갖은 방법을 동원하여 한국으로 이주하고자 하였으며 촌락형의 공동체를 형성하였던 조선족 사회는 폐쇄에서 개방으로 나아가기 시작하였다.

한국의 상황을 놓고 보자면, 1980년대 후반 이전까지 한국은 국제이주 송출국이었다. 1960년대부터 서독에 광부 및 간호사 등을 파견하면서 본격적인 해외이동이 시작되었으며 1966년부터는

---

30) 일본에 약 5만 명 내지 6만 명(흑룡강신문, 2005.2.2일자), 북미에 8만여명(연합뉴스, 2009.8.3일자), 러시아에 2만 명 내지 3만 명(흑룡강신문, 2006.6.2일자)이 이주하였다.

한국군의 베트남 파병이 이뤄지면서 소수 기술자들이 베트남에 진출하기도 했다(강수돌, 1997). 1970년대 초에는 건설업의 중동 진출이 이뤄지면서 중동에 건설기술 및 노동인력이 파송되기 시작했고 1980년대 초에는 절정에 달했다. 당시에는 한국 국내에도 저임금 노동력이 많았으므로 해외직접 투자도 국내의 노동인력을 동원하는 경향이 많았다. 그리하여 1960년대 이후부터 약 200만 명의 노동인력이 해외에 유출되었다(Pang Eng Fong, 1993: 2−3).

1970년대까지만 해도 국내산업화와 그에 따른 이농현상에 의해 저임금 노동력을 충분히 공급받을 수 있었으나 경제적 조건의 상승과 함께 노동자들의 권리의식이 고양되었고, 1987년 폭발적인 노사분규를 계기로 한국의 노동자들은 전통적인 '3D'업종의 저임금과 열악한 노동환경을 꺼리게 되었다.

이러한 상황은 건설업, 제조업 등 특정 분야에서 노동력 부족을 초래하게 되었다. 그리하여 한국의 기업체들은 새로운 전략으로서 저임금을 활용할 수 있는 개발도상국으로 해외직접투자를 늘이기 시작했으며, 경쟁력이 없는 중소영세기업들은 업종을 전환하거나 외국인 노동력을 받아들여 경쟁력을 만들어내었다.

따라서 한국은 1980년대 후반부터 노동력 송출국에서 유입국으로 전환하게 된다. 당시 급속한 산업화로 인한 노동력부족을 겪고 있던 일본을 비롯하여 대만, 홍콩, 싱가포르, 말레이시아, 한국이 노동력 유입국으로 부상하였고, 이러한 아시아 신흥 공업국에 노동력을 수출하는 국가들로는 인도, 인도네시아, 필리핀, 파키스탄, 방글라데시, 스리랑카와 같은 전통적인 송출국 이외에 사회주의 국가인 베트남과 중국도 포함되었다.

이와 같은 중국과 한국의 경제적 환경의 변화와 함께 1980년대 들어 한국정부는 북방정책을 통한 소련 및 동유럽 국가들과의 관계를 정상화하였고, 세계화의 추세에 따라 국내 자본시장과 노동시장을 개방하였을 뿐만 아니라, 1992년 중국과 수교함으로써 국제관계를 원활하게 하였다.

이러한 국제적 환경은 조선족들의 한국 이주를 용이하게 만든 계기가 되었다. 앞에서 언급한 바와 같이, 친척방문으로 한국에 입국한 조선족들은 한국의 친척으로부터 호의적인 선물로 거액의 물건 등을 받았고(이광규, 1999; 126), 조선족들의 한국방문은 점점 순수한 고국방문이라는 의미를 떠나 하나 둘 서울역에서의 약장사로 변신하기 시작했으며, 한 번의 수입으로 당시 한화 300만원을 손에 쥐게 된 조선족들은 고향에 남아있는 사람들에게 돈에 대한 욕망을 불어넣었다. 조선족 사회에서 이른바 '한국바람'은 이렇게 불기 시작한 것이다. 따라서 조선족들의 단순한 친척방문은 한국의 외국인노동자 유입정책과 함께 여러 가지 삶의 목적을 실현하기 위한 선택지로서의 노동이주로 변하게 된다.

노동력 송출국에서 수용국으로 전환된 이후 한국은 외국인 노동자를 받아들이긴 했지만 그들을 수용하는 제도는 산업연수제도였다. 산업연수제도는 연수생 허용 인원이 제한되어 있는데다가 연수기간도 2년에 최대한 1년만 연장이 가능하였다(<표 4>). 이러한 상황에서 조선족들의 한국이주는 정책과 제도를 에둘러 갈 수 밖에 없는 구도 속에 놓이게 되며, 그들은 한국에 입국하기 위해 동원 가능한 수단이면 방법을 가리지 않고 활용하게 된다.

가장 선명한 이동의 패턴은 친척방문, 국제결혼, 위장결혼, 밀항, 여권위조를 통한 것이었다. 이러한 상황은 2003년 고용허가제 실시 이후 일정 정도 완화되기는 하였지만 여전히 지속되었다.

<표 4> 연수생 허용인원

생산직 상시근로자 수	허용인원
5~10	3~5 이내
11~50	10명 이내
51~100	15명 이내
100~150	20명 이내
150~200	25명 이내
201~300	30명 이내

출처: 중소기업청, 1999, 『산업시설연수제도안내』.

가장 많이 동원된 보편적 경로는 가짜 친척방문이다. 브로커를 통해 평균 6~7만 위안을 들여 한국에 입국한 조선족들에게 첫 2~3년간 빚을 갚기 위한 밑천은 오직 자신의 신체뿐이었다. 그러나 한국으로 나올 수 있는 경로가 없는 조선족들은 어떠한 방법을 써서라도 돈을 꿔서 한국으로 입국하려 하였고, 그 와중에 브로커에게 사기를 당해 전 재산을 탕진한 사람들도 허다하였다.

반면, 밀항은 아무런 입국경로가 없을 뿐만 아니라 돈마저 마련할 방도가 없는 사람들이 선택하는 마지막 길이었다. 밀항은 1989년 이후부터 있었으나 한국이 제도적으로 친인척 방문을 제한한 1994년 이후 급증하였다(<표 5>). 여권이나 사증을 위조해 밀입

국하는 사례도 갈수록 늘어났다. 법무부 통계에 따르면 97년 372
건이던 위조여권 사례가 2001년에는 1,231명으로 3배 규모로 급
증했다(국민일보, 2001.12.10).

<표 5> 1994~2001년 조선족 밀입국 상황

연도(년)	인수(명)
1994	140
1995	1020
1996	1630
1997	1020(상반기)
1998	256
1999	407
2000	1544
2001	884

출처: 1994~1997년 상반기: 조선일보(1997.7.17)
　　　1998~2001년: 국민일보(2001.12.10)

　　위장결혼도 조선족들에게 동원되는 하나의 입국수단이었다. 한
국에서의 국제결혼이주의 '여성화' 현상은 1980년대 경제의 고도
성장과 그에 따른 산업부문의 인력부족과 맞물리며 외국인력 수
급정책에 있어서의 산업연수제도의 고수와 맞물린다. 구체적으로
말하자면 한국경제의 고도성장에 따른 산업부문의 인력난, 임금
수준의 꾸준한 증가 및 한국사회에서의 성차별문화, 가족중심주
의 인식은 한국 내에서 '3D'직종의 일을 기피하는 분위기를 확산
함으로써, 그러한 부문에서 선호하는 여성노동자의 인력난을 초
래하게 하였으며 따라서 아시아지역 개발도상국 출신의 외국인

노동자들의 유입을 증가시켰다. 이러한 상황에서 초기 외국인력 수급정책인 산업연수제도가 외국인 노동자의 서비스업 취업을 허용하지 않았기에 국가 간의 자유로운 노동이주가 아닌 '결혼이주' 현상이 나타나게 되었던 것이다.

1992년 한·중 수교 이후 조선족과 한국간의 교류가 급증하면서 정부의 지원 하에 조선족여성과 한국남성의 국제결혼이 급속히 증가하게 된다. 한국여성들과 결혼할 수 없는 한국남성들에게 조선족여성과의 결혼은 하나의 대안으로 여겨졌다. 한국정부는 노동력 이주는 엄격하게 제한하면서, 가장 손쉽고 유리한 입국통로로써 결혼을 통한 이주를 허용하고 지원하는 이주정책을 시행하였다(손은록, 2004; 37).

그러나 이러한 이주정책은 오히려 이주의 '불법성'만 증가시켰고, 위장결혼으로 인한 조선족 여성들의 한국이주를 증가시켰다. 앞에서도 언급하였듯이 1978년 개혁개방 이후, 농촌에서 생활의 어려움을 겪게 된 조선족 여성들이 생활난을 극복하고자 농촌의 울타리에서 벗어나 도시, 해외로 이동하게 되는데, 이때 그들이 손쉽게 동원할 수 있는 경로가 바로 '결혼이주'였던 것이다.

하지만 한국남성과 결혼할 수 없는 기혼여성들은 브로커들이 알선한 '위장결혼', '사기결혼'의 방식을 통해 한국으로 유입되기 시작했다. 이렇게 조선족 여성과 한국 남성의 국제결혼은 송출국과 이주국의 상이한 사회구조가 상호작용하는 과정 하에 생겨나게 되었고 배출·흡인 요인이 복합적으로 얽히는 지점에서 나타나게 되었다.

요컨대, 고향에서 '부'를 창조할 수 없는 조선족들은 한국에 가면 돈을 벌 수 있으리라는 기대와 구조적 제약 사이에서 탈출구를 찾기 위한 행위자로 변모한다. 그들에게 자본이자 밑천이 되는 것은 빚과 자신의 몸이었다. 폐쇄에서 개방의 공간으로 나아가는 길은 기대와 국가제도가 상충하는 가운데서 '불법'의 일상과 동반하며 그들의 삶은 신체와 자본의 이야기들로 가득 차게 된다.

1992년부터 2006년까지 다양한 형태로 진행되어 오던 조선족들의 한국이주는 2007년 방문취업제도[31] 실시를 계기로 변화하게 된다. 가장 큰 변화는 2007년 방문취업제도 이후에는 그러한 '불법성'이 완화되었다는 것이다. 무연고 동포들에게 4년 10개월 체류할 수 있는 자격을 주어 조선족들은 비용을 들이지 않고 한국으로 입국할 수 있게 되었다. 조선족이 방문취업자격으로 한국으로 이동하기 시작하면서 그 수는 대폭 증가하였다.『출입국통계연보』의 통계수치에 따르면, 2013년 5월까지 전체 조선족 총 인구수는 484,480명이었다. 이 수치는 중국의 200만 조선족의 약 1/4를 차지하는 수치이지만, 아직까지 상당수의 조선족들이 한국으

---

31) 2007년 3월 4일 시행된 방문 취업제는 중국 및 구소련 지역에 거주하는 만 25세 이상의 외국국적동포에 대해 유효기간 5년의 복수 사증을 발급하여 취업을 원할 경우 단순 노무분야의 취업을 허용한 제도이다. 출생당시 대한민국 국민이었던 자로서 대한민국 호적(제적)에 등재외어 있는 자 및 그 비속, 국내에 주소를 둔 대한민국 국민인 8촌 이내의 혈족 또는 4촌 이내의 인척으로부터 초청을 받은 자,『국가유공자 등 예우 및 지원에 관한 법률』제4조의 규정에 의한「국가유공자와 그 유족 등」에 해당하거나「독립유공자예우에 관한 법률」제4조의 규정에 의한 '독립유공자와 그 유족 또는 가족'에 해당하는 자,「대한민국에 특별한 공로가 있거나 대한민국의 국익증진에 기여한 자」,「유학(D-2)」자격으로 1학기이상 재학중인자의 부·모 및 배우자, 국내 외국인의 체류질서를 위해 법무부 장관이 특히 정하는 기준 및 절차에 따라 자진하여 출국한 자, 이상의 조건에 해당되지 아니한 외국국적 동포로서 법무부장관이 정하여 고시하는 한국말시험, 추첨 등의 절차에 의해 선정된 자들이 그 대상자에 속한다.

로 입국하기를 희망하고 있다. 한국어자격시험을 보고 추첨에서 당첨이 되면 한국에 들어갈 수 있는 방문취업제도에 대한 기대와 희망은 당첨을 기다려야 하는 조선족들에게는 고역이 아닐 수 없다.

2010년 7월부터 한국 정부는 기술연수제도[32]를 실시하였다. 실시에 따라 중국에서 한국행을 희망하는 조선족은 450위안을 내고 C-3비자로 한국에 입국할 수 있게 되었다. 하지만 그러한 방식으로 한국에 입국한 조선족들은 9개월 동안 한 달에 25~30만원씩 200만원이 넘는 학비를 학원에 내고 주말마다 학원에 가서 기술을 배워 자격증을 따야만 4년 10개월의 비자를 받을 수 있다. 그리하여 H-2자격으로 변경하는 과정은 그들에게 많은 경제적 부담과 육체적, 정신적 부담을 가중시켰다. 학원에 등록하면 '체류자격 외 활동허가'를 받을 수 있지만, 주당 20시간 이내인 시간제 취업이므로 일을 한다고 해도 벌 수 있는 금액이 많지 않으며, 시간제 취업이 아닌 정상적인 일자리를 구하려고 해도 주말에 이틀은 학원에 다녀야 하는 이유로 취직이 쉽지 않다.

현재 기술연수의 기한은 초기 9개월로부터 6개월, 6개월에서 6주로 단축되었다. 즉, 3개월 동안 학비 75만원을 내고 일주일에

---

32) 법무부는 2010년 7월부터 중국과 CIS(독립국가연합) 지역 등 외국국적 동포들을 대상으로 '재외동포 기술연수제도'를 도입 시행하였다. CIS 동포를 비롯한 재외동포를 포괄하지만 실제 이 제도의 대상은 중국동포가 대부분이다. 이 제도는 구체적으로 말하자면, 방문취업 추첨에 탈락한 중국동포가 단기비자(C-3)로 학원에 등록할 경우 1년간 계속 체류할 수 있는 일반연수 (D-4)비자로 변경해주고 3개월 이상부터 국가기술 자격취득자나 9개월 기술교육을 마치면 방문취업(H-2) 비자로 변경해주는 제도이다. 다시 말하면, 6개월 이내에 자격증을 따지 않더라도 3개월 더 학원 수강을 하여, 총 9개월 동안 학원에 다녔다는 확인서만 있으면 H-2로 체류신분으로 변경할 수 있다. 학비는 매월 20~30만원이고 학원 수업은 주말시간을 이용해 매월 40시간을 채워야 하고, 주중에는 일을 할 수도 있다.

한 번씩 공부하여 국가 자격증을 따게 되면 F-4를 발급해주는 형식으로 변형되었다. 이러한 제도가 실시되자 조선족들은 출입국이 편한 F-4비자를 취득하기 위해 또 학원에 등록하여 국가자격증을 따고자 한다.

한편 조선족의 출·입국은 2012년 1월 1일부터 실시한 출입국의 지문인식 도입을 계기로 다른 형태의 통제를 받고 있다. 법무부가 위조여권 사용자를 색출할 수 있는 지문 검사와 얼굴인식 제도를 갖추어 시행하자 현재까지 기간 만기자 혹은 임시 귀국했다가 재입국하려던 많은 조선족이 입국불허[33] 상태가 되어 다시 중국으로 돌아가게 되었다. 그것은 강제출국 될 당시 한국에 남겼던 지문을 통해 여권의 위조가 들통 나게 되었기 때문이다. 그들의 지문이 공항출입국사무소에서 수년전 수집해둔 지문과 일치했으나 여권의 이름, 생년월일, 민족 등이 같이 않은 탓으로 입국허가가 나지 않은 것이다. 흑룡강 신문에 따르면, 2012년 3월 8일까지 500여 명의 조선족들이 입국 불허 상태가 되었으며 체류기간을 연장하러 간 조선족들 중 지문 등록을 통해 1000여 명이 위조여권 사용자로 색출되었다(흑룡강신문, 2012.3.8일자).

---

33) 위조여권 문제는 대략 세 가지 유형으로 나타나고 있다. 과거 위조여권으로 입국했다가 출국한 자가 현재 본명을 사용하는 자, 과거 본명이었는데 현재 위명을 사용하는 있는 자, 과거와 현재 모두 위명을 사용하고 있는 자이다. 이 가운데서 현재 위명을 사용하고 있는 자는 일단 발각되면 한국 측에서 문제가 생길뿐더러 중국 측에서도 문제가 생겨 중국에서 출국금지 조치를 받게 된다. 즉 현재 중국도 신분이 전산망에 올라 있기 때문에 위조여권소지자는 전산망에 신분조회가 되지 않아 출국금지를 당하게 되는 것이다(흑룡강신문, 2012.3.2일자)

2. '조선족 타운': 개방 공간에서의 또 다른 울타리

1990년대 중국과 한국의 경제적 환경, 국제적 관계가 변화됨에 따라 한국으로 입국한 조선족들은 90년대 중·후반부터 가리봉동으로 유입되기 시작하였다. 폐쇄에서 개방의 공간으로 이동하여 뿌리내린 이 장소는 옌벤거리, 옌벤촌, 중국거리 이상의 이미지를 지니면서 지역정체성을 형성해 나갔다.

가리봉동 지역은 90년대 중후반부터 조선족들이 유입되기 시작하여 형성된, 현재 '옌벤촌', '연변거리'로 불리는 지역이다. 가리봉동 연변거리의 형성을 '저렴한 방값'과 '편리한 교통'이라는 유입동기의 결과로 보는 것이 가장 보편적인 견해이지만 가리봉동이라는 지역의 역사지리적 위치에 대한 고려가 없이는 보다 큰 맥락에서 이동의 패턴과 지역정체성 형성을 고찰할 수 없게 된다.

가리봉동이 위치한 구로구는 개항기 서울과 제물포를 잇는 중간지점에 위치한 탓으로 서울과 인천사이를 오가는 사람과 상품이 늘어나게 되었다. 따라서 이 지역은 인구가 급증하고 촌락이 증가하는 지역이 되었으며, 해방 이후에도 일본인의 철수와 태평양 전쟁 피난의 유입, 북한에서 월남한 인구, 해외동포의 귀국 등으로 이 지역에는 많은 인구가 집중되었다. 뿐만 아니라 1953년 휴전 이후에 전쟁의 피해를 복구하면서 서울과 인천을 오가는 경인 국도와 철도 사이에 위치한 이 일대의 인구집중은 다른 지역에 비해 두드려졌다(이미애, 2008: 41).

1960년대에 들어서 이 지역은 구로공단이 조성됨에 따라 '한국수출의 심장'(중앙일보, 2002.1.29)이라 불릴 정도로 서울 내에서 가장 큰 산업지대[34]로 변모하게 되었으며, 터전을 잃어버린 농민이 공장 저임금 노동자로 흡수되었다. 따라서 공단 형성 초기부터 필요한 노동력은 농촌에서 올라온 농민들에 의해 충당되었으며, 70년대 중반이후 10년 동안 그들이 차지하는 비율은 70－80%였다[35].

하지만 80년대 말 이후 한국 사회의 산업구조가 고도화되고 구로공단 역시 중화학공업 중심으로 재편되자, 가리봉동 일대에 주거하던 여공들은 서비스업 등 고임금 업종을 좇아 그 자리를 뜨게 되었다(중앙일보, 2002.1.29일자). 또한 90년대에 제조업 관련 공장이 대거 외국으로 이전하게 되자 공단 주변의 주거지에는 공동화 현상이 나타나게 되었다. 이때 이 자리를 채워준 것이 10대 가출 청소년들이었는데, 그들을 유인한 동기는 저렴한 방값, 손쉽게 돈을 벌수 있는 유흥업소들이었다(중앙일보, 2002.1.29).

이렇게 1960년대부터 공단주변 빈민과 농촌에서 올라온 여공들이 채웠던 자리를 그들이 떠난 90년대에 10대 가출소년들이 채우는 과정 속에서 구로지역은 노동자의 문화와 의식을 대변하는 지

---

34) 구로지역의 공단조성은 1963년 제3공화국 치하의 한국경제인연합회 내에 수출산업추진위원회가 발족하여 구로동 일대 근 100만 평방미터 규모의 산업단지 조성을 위한 토지매수에 착수함으로써 시작되었다. 이후의 경과를 짧게 요약하면 1964년 9월 「수출산업공업단지조성 법안」이 국회에 통과되고, 1965년 3월 한국수출산업공단 기공식이 거행되었다. 그리하여 1967년 4월 1일 한국수출산업공단 제1단지가 준공되었고, 1967년 10월에는 한국수출산업공단 제2단지를 공업단지로 지정하였고, 1970년 1월 5일에는 한국수출산업공단 제3단지를 공업단지로 지정하였다. 이러한 일련의 공단 조성을 통해 구로구의 인구는 급격히 증가하게 되었다(구로구청 구로구 역사에서 발췌). 구로공단의 업종변화는 크게 3단계로 나누어 볼 수 있다. 첫 번째는 60년대 중반에서 70년대 중반까지로 경공업(섬유봉제)수출주도시기, 두 번째는 70년대 중반에서 80년대 중반까지의 정부 중화학공업 육성정책 추진시기, 세 번째는 80년대 중반부터 90년대 중반까지의 공단 쇠퇴시기이다(구양미, 2002).

35) 이금주(1969)의 이화여대 졸업논문 「서울 구로동 수출산업공업단지의 현황」에 따르면 1965－1966년에 서울에 올라온 지방 사람들은 열에 여섯이 오늘의 구로동과 대림동에 보따리를 풀었다고 한다.

역으로 자리매김하게 된다(이미애, 2008: 42). 한편 1995년 금천구의 신설로 가리봉2동 면적이 1/10이하로 줄어들고 남부 순환로 남쪽 공단지역이 모두 금천구로 편입되는 바람에 가리봉동은 구로구에서 가장 변변치 못한 동으로 전락되어 버렸다.

이와 같은 구로구의 역사·지리적 특징을 놓고 볼 때, '지정학적 위치'로 인해 구로구는 시기별로 인구이동이 두드러진 지역이었으며, '사회변동기의 인구 유입지'(이미애, 2008: 42)로 기능해 온 지역이었다. 중요한 것은 가리봉동이 역사적으로 노동자계급을 대변하는 지역으로 자리매김하게 된 곳이라는 점이다.

그러한 지역을 1990년 중반부터 동남아시아권 외국인 노동자[36] 와 조선족들이 채우게 된다. 동남아시아권 노동자들은 언어적 소통의 장애로 말미암아 자연스럽게 안산, 수원, 성남 등 제조업 공단지역으로 집중하게 되며, 조선족들은 저렴한 집값과 이동의 편리 때문에 가리봉동에 계속하여 거주하게 된다.

그리하여 조선족들은 구조적으로는 '사회변동기 인구 유입지'로 유입되며 사회적으로는 도시의 노동자 계급을 대변하는 주변화 된 장소에 정착하게 됨으로써 도시의 계급구조에 편입하게 된다.

동시에 구로지역의 물리적 환경으로부터 볼 때, 1960년대부터 구로일대는 공단의 빈민, 노동자를 수용하는 지역으로써 작은 면적에 많은 사람들을 수용할 수 있는 구조의 벌집 방들이 들어섰기 때문에 적은 보증금에 '저렴한 임대료'로 거주할 수 조건을 갖추게

---

36) 안재섭(1995)에 따르면, 당시 가리봉동에는 동남아시아권 외국인 노동자도 상당수 있었던 것으로 짐작된다(안재섭, 1995, 「九老工團의 産業構造와 工團周邊地域의 人口 및 住宅 變化에 關한 硏究」, 서울大學校 大學院: 社會敎育科 地理專攻, 석사학위논문).

되었다. 조선족들은 이주 초기 대부분 빚을 내어 친척방문, 공무비자, 여행비자, '위장결혼' 등의 수단으로 한국에 이주했기 때문에 적은 보증금과 저렴한 임대료는 자연스럽게 그들을 유인하는 동기가 되었다. 가리봉동 지역의 월 임대료는 평균 15－25만 원정도이고, 보증금도 50－200만 원정도로(박세훈·이영아, 2009: 87), 서울의 다른 지역에 비하여 보증금과 월세 금액이 낮은 편이었다.

〈그림 1〉 서울시 조선족 밀집거주 지역

그리하여 1992년 한·중 수교 이후부터 증가하기 시작한 조선족들이 가리봉 지역의 빈자리를 메우게 되며, 한국의 노동자계급을 대표하는 기존의 지역정체성의 연장선 위에서 이 지역은 '옌벤촌'이라는 지역적 경계를 형성하게 되었다.

한국의 전체 조선족 가운데서 16.4%가 현재 가리봉동·대림동·구로동으로 확장된 '조선족 타운'(<그림 1>, <표 6>)에서 살아가고 있지만, 한국인들에게는 모든 조선족들이 그곳에서 자신들끼리 뭉쳐서 살아가는 것으로 인식된다. 따라서 지역적 경계는 집단 외부인의 대상화·타자화에 의해 재구축된다.

〈표 6〉 2006~2011년 서울시 조선족 주요 집거지 현황

지역(서울)	2006	2007	2008	2009	2010	2011
영등포구	18,242	27,775	32,049	32,688	35,400	38,132
구로구	14,933	22,256	25,398	25,172	26,381	28,378
관악구	8,331	12,465	14,155	14,018	14,476	15,652
금천구	8,404	12,959	15,573	16,137	17,177	18,463
광진구	4,630	7,044	8,269	8,542	8,896	9,765
동작구	4,948	7,048	7,929	7,749	8,067	8,591
계	59,488	89,547	103,373	104,306	110,397	118,981
총계(서울시)	105,178	150,270	169,385	166,413	170,125	172,620
국내 총계	236,854	328,621	376,563	377,560	409,079	406,682
구로·영등포구/ 국내 전체(%)	14	15.2	15.3	15.3	15.1	16.4

출처: 2006~2011년, 「출입국통계연보」.

요컨대, '조선족 타운'은 그 자체로서 자신들의 지역정체성을 형성하고 있을 뿐만 아니라 첫 시작부터 이미 형성된 자본주의 국가 도시의 중심부/주변부 구도 속에 놓이게 되면서 형성된 것이며 도시의 지역정체성이 현재 조선족과 한국인 집단 간의 지역적 경계를 재구축하였다고 할 수 있다.

 # 제2절 사회적 삶과 차별의 경험

1. 법적·제도적 차별

1988년 올림픽 당시 한국은 북방정책을 염두에 두면서 소련과 중국과 우호적인 관계를 형성하고자 했다. 이 시기 조선족들은 간단한 여행증명서 발급만으로 한국을 방문할 수 있었다. 또한 외무부에서 조선족들 중 독립유공자후손 등에 대한 귀국대책의 일환으로 그들의 영주귀국과 친인척방문을 추진하게 됨에 따라 대한민국 임시여행 증명서만으로 한국입국을 가능케 하였기에 조선족들은 당시 출입국관리법 적용대상이 아니었다.

그러나 초기 '동포'로 인정되었던 조선족 친척방문자들이 한약재 판매를 통해 부를 축적하게 되며, 증가하는 조선족들의 한약재 판매가 한국의 사회적 문제를 일으키게 되자 한국정부는 '동포'를

'외국인'으로 보기 시작했다.

이에 따라 '동포'로서의 초기 혜택은 사라지고 1990년부터 한국에 입국하려면 중국 국적으로 사증을 발급 받아서 입국해야 했다. 또한 새로운 사증발급 지침에 따라 조선족의 친척방문은 55세 이상인 사람으로 제한되었다. 이는 다른 나라의 경우와는 달리 단기비자에도 적용되었다. 법무부에서는 조선족에 대한 출입국체류관리와 불법체류자 단속을 강화하였으며, 출입국관리법 위반한 조선족들을 외국인과 동일하게 처벌하였다. 이러한 제한은 한국이 조선족들을 '동포'가 아닌, '불법체류가능성이 높은 외국인 노동자'로 간주하면서 출입국상 많은 제한을 가하고자 했음을 의미한다(신의기, 1999: 124).

조선족들은 출입국관리법 적용대상에 포함되면서 외국인들과 똑같이 1991년 11월 1일부터 시행한 산업연수제도에 의해 입국하게 되며 2년 동안 한국에 체류할 수 있게 되었다. 앞에서도 언급했듯이 이 시기 산업연수제도로 입국한 조선족들은 대부분 불법체류자의 신분으로 전락되었다.

조선족들의 출입국과 체류를 통제하기 위해 법무부는 또 1998년 6월 14일 국적법을 개정하여, 그동안 조선족 여성이 한국인과 결혼하게 되면 즉시 한국국적을 취득하게 되어 위장결혼과 불법체류의 빌미를 제공하였던 국적취득조건을 수정했다. 즉, 혼인 후 2년간 동거기간을 거친 후 한국국적을 취득할 수 있도록 함으로써 위장결혼을 줄이기 위한 법적·제도적 장치를 마련한 것이다.

1999년 12월 3일, 한국정부는 「재외동포의 출입국과 법적지위에 관한 법률」(이하 재외동포법)을 제정했지만, 대한민국 정부 이전에 해외로 이주한 동포는 「재외동포법」 적용대상에서 제외되었다[37]. 조선족과 고려인이 적용대상에서 제외된 것이다. 2000년부터 시작된 재외동포법 개정 운동을 거쳐 헌법재판소 전원재판부는 2001년 11월 9일 「재외동포법」 제2조 제2호와 「재외동포법 시행령」 제3조에 대해 위헌판정을 내렸다. "해외로 진출한 동포를 정부수립 이전과 이후로 나누어 차별하는 것은 평등원칙에 위배된다"는 판결을 내린 것이다. 그 후 2004년 3월 5일 「재외동포법」에 대한 개정이 이루어졌으나 한국정부는 출입국관리 시행령으로 조선족들의 이동을 제한하였으며, 2008년까지 재외동포 비자를 받고 한국으로 이주한 사람은 한명도 없었다(윤영도, 2012: 206).

재한 조선족은 여전히 기타 '동포' 집단과 구별되는 집단인 것이다. 예를 들면, '북한이탈주민'은 정치적 난민으로서 그 정치적 소속이 남한이다. 사할린 동포들도 일본적십자사와 한국정부가 공동으로 투자하여 건설한 안산 '고향마을'에서 살아가고 있다. 그러나 한국정부가 조선족에게 부여한 법적지위는 기타 나라에서 온 이주노동자들과 똑같은 '외국인'이며, 미국과 일본 등 선진국 출신의 '동포'와는 구별되는, 출입국과 체류자격이 엄격히 제한된 '동포'였다. 결국 조선족들은 한국사회에서 '같은 민족'이라는 명

---

37) 재외동포법 제2조 2항에서는 재외동포를 "대한민국의 국적을 보유하였던 자 또는 그 직계비속으로서 외국국적을 취득한 자중 대통령령이 정하는 자"로 규정하였다. 시행령 제3조에서는 재외동포를 "1. 대한민국 국적을 보유하였던 자 또는 그 직계비속으로서 외국국적을 취득한 자 중 대한민국 국적을 상실한 자와 그 직계비속. 2. 대한민국 정부 수립이전에 국외로 이주한 자 중 외국국적 취득 이전에 대한민국의 국적을 명시적으로 확인받은 자와 그 직계비속"으로 규정하였다.

분하에, 외국인 노동자를 포섭하는 다문화에도 속하지 않고, 또 '동포'로서도 한국사회에서 배제되는 소수집단으로 자리매김 되고 있다.

중요한 것은 이러한 법적·제도적 차별에 직면하여 재한 조선족들은 '같은 민족'이라는 상상을 동원하고 자신이 살아왔던 사회주의 국가에서의 가치를 부각시키거나 '개척자의 후손으로서의 자긍심'을 동원하면서 스스로를 새롭게 규정짓는다는 것이다.

그렇다면, 조선족은 어떠한 방식으로 스스로를 둘러싼 법적·제도적 차별의 현실에 대처하는가. 구체적으로 그들은 '체제의 우열을 매기기', '자신들의 이타주의를 칭찬하기', '중국의 소수민족 정책을 치하하기', '개척자의 후손으로서 자긍심 가지기' 등 사회주의 국가에서의 가치를 부각시키거나 자신들의 역사를 동원하여 '조선족'으로서의 존재의 정당성을 확보하고자 한다.

연합회 운영자 한희애씨는 한국인들과의 갈등을 체제의 차이로 해석한다. 즉, 돈밖에 모르고 자본을 중심으로 돌아가는 자본주의는 뿌리부터 잘못되고 삐뚤어진 것이고, 사회주의는 뿌리가 정확하고 튼튼한 것이라고 인식한다. 또한 그에게 있어 자본주의 국가가 사회적 문제를 해결하고자 하는 행위들은 자본주의 폐단을 극복하고자 하는 행위일 뿐이다. 따라서 오직 사회주의체제만이 발전 중에서 진보한다는 논리로 체제의 우열을 매긴다.

> 그런데 한국 사람이 본질이 그래서 나빠서 그런 것보다 이 국가체제와 관계되지 않겠는가. 자본주의 몇 개 요소가 있겠죠. 자본주

의란 무엇이고, 사회주의란 무엇인지. 우리가 옛날에 배울 적에는 자본주의는 원래부터 뿌리부터 잘못 된 거에요. 돈 밖에 모르고 자본을 위주로 하잖아요. 거기에 사람 의식 형태가 중요한 것이 아니라 돈이 중요한 거죠. 그래서 자본주의 폐단은 그 뿌리가 워낙 잘못됐기 때문에 뿌리가 원래 삐뚤었단 말이에요. 그런데 그것두 자본주의 국가를 운영하다보니까 문제가 자꾸 생기니까 민주화운동두 있구 데모두 하구 이래잖아요. 그건 뭐냐면 어떻게 하나 고쳐서 좋은 방향으로 나가자는 거죠. 그런데 사회주의는 기본강령부터 뿌리부터 튼튼해요. 정확한 거죠. 하지만 발전과정에서 해충들이 있는 것들은 제거하구 그런거지. 그러니까 우리 세대들이 사회주의 국가에서 교육을 받은 거하고 지금 개혁 개방한 이후의 사람들의 사고방식이 완전히 달라(한희애).

이와 같은 체제 우열의 논리에 의해 한희애씨는 모든 한국인과 조선족 간의 갈등을 해석하고자 한다. 그는 이주 초기 불법체류신분으로 한국에서 살아가던 조선족들이 임금체불, 사기피해 등 경험을 하게 되는 이유는 "조선족들은 사회주의 국가에서 온 사람들이기에 자본주의 사회 사람들에 비해 순진"하기 때문이라고 생각한다. 이해타산이 확실한 한국인에 비하면 조선족들은 "남을 자신처럼 믿기 때문에 사기를 당할 수밖에 없고, 임금체불이라 하여도 설마 사장이 그렇게 양심이 없으랴 라는 기대 속에서 계속 일하다 보면 나중에 더 많은 돈을 한 푼도 못 받고 나온다"는 것이다.

조권영씨도 '개척자의 후손으로서의 자긍심'을 동원하여 조선족의 법적·제도적 현실에 대응한다. 그는 "소나 돼지들도 미국, 호주에서 수입하게 되면 며칠 되어 한국산으로 변경되는데 조선족들은 소나 돼지보다도 못한 존재"라고 한탄하면서 "중국에서 독립운동하면서 피 흘린 조상들의 후손들을 한국 정부가 포용하지 않으면 역사적으로 비판을 받을 것”이라고 말한다.

총체적으로 한국 정부가 교포들을 끌어안아야 하는데 여기까지 왔는데두 자꾸 밀어내니까 지금은 자신들이 옳은 것 같아도 몇십 년 지나무 비판받는다구. 교포들이 다들 속에 피를 삼키메 할 말을 못하고 억울하게 사는데 누기한내 똑똑한 게 나와서 말하게두 못하게 하재 이 한국 사람들은. 나는 막 경찰아들하구 다 그랜다. 조선인들이 중국에 가서 독립운동하구 피를 흘리구 그랬는데 그 후손들인데 너희들이 왜 우리들한테 이러는가구. 왜 영국 미국에서 온 애들은 대우가 달라. 소나 돼지나 미국 호주에서 온 거는 며칠이 지나 다 국내산으로 바뀐다구, 우린 그래 동물들만 못하냐. 동물들도 다 국내산으로 바꾸는데. 법이 바뀌어야 해(조권영 구술).

한희애씨와 비슷하게 최성식씨도 중국의 소수민족정책을 치하하면서 “한국이라는 땅에서 살아보니 그제야 사회주의의가 우월하고, 중국공산당의 소수민족정책이 우월하다는 것”을 느꼈다고 말한다. 아이러니 한 것은 그에게 중국은 집을 떠난 아이에게 엄마의 품으로 그려지는 존재라는 것이다. 그는 설사 ‘중국인’으로 동화되더라도 한국인으로 동화되면 안 된다고 강조하면서 언제 어디서나 ‘중국인’이라는 정체성을 드러내고자 한다.

요컨대, 재한 조선족들은 내면화된 사회주의 가치, 규범, 관념, 관습, 행위양식들을 자신들의 존재가치를 부각시키는 요소로 동원하면서 법적·제도적 현실에 대응한다.

2. 사회·문화적 차별

1992년 한·중 수교이후부터 한국으로 이주하기 시작한 조선족들은 사회·문화적으로도 '못 사는 나라에서 온 중국인' 혹은 '3D업종에 종사하는 최하층 노동자'라는 고정관념 속에 위치해 있으면서 무시, 편견, 차별의 경험을 하게 된다.

먼저 언어적 차이는 한국인들이 조선족을 무시하고 차별하게 되는 1차적 변수일 뿐만 아니라, 조선족이 스스로의 민족적 실체를 자각하게 되는 가장 직접적인 원인이기도 하다. 주지하다시피, 연변지역으로 이주하여 간 조선인들이 대부분 함경도 조선인들이었다. 그들의 언어적 억양은 북한의 것과 비슷하였기에, 한국인들은 연변 조선족들과의 만남에서 순식간에 그들이 조선족임을 알아차린다. 또 한국인의 무시와 편견의 시선 속에서 조선족들은 자신이 '조선족'이라는 사실을 자각하게 된다. 이에 조선족들은 '한국어를 배우기'도 하고, '신분을 감추기'도 하며, '한국인으로 살아가기'도 하고, '중국어로 대화하기'도 한다. 뿐만 아니라, 연변말을 자유롭게 할 수 있는 조선족들끼리 어울리기도 한다. 즉, 한국사회의 무시, 편견, 차별을 회피하는 방법이 바로 자신을 '조선족'으로 규정지으며 '조선족' 집단 구성원들과의 만남을 선호하는 것이다.

한국 사회에서 중국어가 허용되는 분위기가 조성됨에 따라, 조선족은 중국인(한족)과도 다른 하나의 집단으로 분류된다. 구체적으로 말하자면, 조선족들은 중국어로 대화하면 한국인들의 부러움을 자아내는 존재로, 연변말로 대화하면 무시와 차별의 대상으로 취급된다. 이와 같이 연변말로 대화할 때와 중국어로 대화할 때 완전히 상반되는 경험을 하게 되면서 조선족들은 의식적으로 스스로를 '중국인'이라고 자처한다.

또한 조선족들은 한국인들에게 빨갱이 나라에서 온 인간으로 취급되기도 한다. 이는 2011년도에 한국에 입국한 천산씨의 연변말투를 들은 한국인이 "연변말투를 사용하면 잡혀 간다"는 식의 농담을 한 사례에서도 잘 알 수 있다.

> 한번은 친구 형님같이 저녁 먹으러 갔는데, 그 장소에서 그 형님이 애인을 불었어. 한국 여자야. 근데 내가 연변말을 하니 나보고 여기서 그렇게 말하면 잡혀가요 하는 거 있지. 한국에 온지 며칠밖에 안됐는데, 그 말을 듣고 너무 격분했어. 왜 연변말을 하는데 한국에서 잡혀 가냐구 했더니 한국에서 예전에는 북조선 사람처럼 보이면 다 잡아갔다는 거야(천산 구술).

다음으로, 조선족들의 음식, 대중음악은 문명과 야만이라는 2분법적 구분 속에서 '낙후한 집단'으로 자리매김하는 원인이 된다. 박용문씨는 자신들의 일상적 음식문화가 어떻게 한국인들에 의해 '미개한 문화'로 자리 잡게 되는지에 대해 설명해주었다. 아래의 구술에서 계란을 소금에 찍어먹느냐 간장에 찍어먹느냐, 파를 썰어서 먹느냐 통째로 고추장에 찍어먹느냐에 따라서, 문명과 야만의 구분이 지어진다는 사실을 알 수 있다.

음식을 먹는다 하면은 예를 들어서 중국에서 우리는 삶은 계란을 간장에 찍어 먹잖아. 근데 얘네는 소금에 찍어먹는 거야. 이런 것들은 동포라하면은 백프로 공감할 수 있는 일들이거든. 근게 개네는 웃는 거야. 왜 웃어. 얕잡아 보니까 웃는 거지. 얘네는 소금에다가 찍어먹어야만 정상이라고 생각하는 거야. 자기네들 것만 기준이라고 생각하는 거야. 우리가 간장에 찍어먹으니까 이상한거지. 우리는 파를 고추장에 그냥 찍어먹을 때도 있잖아. 이 사람들은 썰어서 먹는데. 그니까 이해를 못하더라니까. 이상하게 먹는다고 그러는 거야(박용문 구술).

한국인 집단에 의한 문명의 배치는 음식문화에서뿐만 아니라 대중음악 차원에서도 진행된다. 박용문씨는 중국에 있을 때부터 한국의 노래를 즐겨 불렀으며, 당시 자신의 고향에서 유통되던 노래 테이프를 많이 사서 들었다. 1995년에 한국에 입국한 그는 한국인들과 함께 노래방에 갔을 때 고향에서 배운 한국 노래를 불렀는데, 그것이 촌스러운 노래와 행위로 취급되었다.

문화가 우선은 틀리잖아요. 알게 모르게. 문화가 틀리니까 예를 들어서 노래방에서 노래를 한다고 하면 나이에 맞지 않는 노래를 한다고 말을 들었거든. 그때 나는 안해 라든가 머 감성적인 노래를 불렀는데 개네는 머 룰라라든가 머 1/2이런 노래를 불러라고 그랬거든, 힙합 같은 거나 해야 하고, 나는 그런 문화를 모르고 들어왔거든. 대신 나는 팝송을 잘했어요, 음악을 했으니까. 니 나이에 맞게 투투 노래랑 불러라고 그랬거든 그 사람들이. 머 김건모 핑계라든가 이런 노래들. 근데 우리는 모르는 거야. 우리는 집에서 테이프를 듣고 한국에서 들어온 CD라든가 이런 걸 겨우 해가지고 나훈아 머 이런 가수들만 알았잖아. 이 자체 문화가 틀리니까 그 사람들 눈에 보기엔 우스운 거야. 기본적으로 김건모나 투투 노래를 해야 하는데 나훈아 노래를 막 하고 있고. 나훈아 노래는 우리가 해야 하고 넌 이런 노래를 해란 말이야. 이러는 거야. 문화적 충돌인거지(박용문).

이처럼 한국인들의 평가에 의한 문명의 배치 속에서 그들은 '미개인'으로 편입된다. 그러한 경험은 조선족들이 자신들의 사회적 위치를 스스로 인식하게 되는 계기들이며, 나아가 자신의 '민족적 소속'을 규정하게 되는 바탕이 된다.

셋째, 이주 초기 불법체류자라는 체류자격 또한 조선족들이 사회적으로 무시를 당하고 차별을 받게 되는 요소이다. 불법으로 한국에서 체류한 조선족들은 대부분 임금체불 등 부당한 대우를 받은 경험이 있으며 무시와 차별의 경험이 있다. 이에 조선족들은 '조선족'으로서 인정받기 위해 더 열심히 일하기도 하고, '증오하고, 싸움하고, 고소하기도 하며', '한국인과의 접촉을 거부'하며 조선족 집단으로 귀속하기도 한다. 박용문씨는 불법체류자로 있으면서 조선족을 무시하는 한국인들의 태도를 변화시키기 위해 건설현장에서 더욱 열심히 일을 했다. 그러한 그의 대응방식은 한국에 금방 입국했을 때 자신의 정체성을 찾지 못했던 일과도 무관하지 않다.

…… 내 자신의 정체성을 못 찾겠더라구. 옛날에 노가다를 할 때인데, 그때 나는 제일 기억에 남아. 그 멀리 가야 하는데, 그때는 연락처도 없고 삐삐하나만 가지고 다닐 때야. 그래서 이제 목심이라는게 천정을 할 때 박는 거요. 나무를. 박아놓고 콩크리트를 확 치고 또 한 개 치고 올라 가면은 더 이상 머 어떻게 작업을 못하니까 나무를 박아나야 나중에 천정이 작업을 할 때 그 나무에다 못을 박아가지고 천정을 박아야 될 거 아니야. 콩크리트 확 쳐버리면 더 이상 못하는 작업이야. 아침에 새벽에 나갈 때는 날씨가 좋았는데 현장에 도착하고 나니까 비가 오는 거야. 내가 필요한 장비도 아무 것도 없어서 비 맞으면서 눈물 코물 짜면서 박기 시작

했지. 한 20,30분 지나니까 막 눈물이 나오더라고. 내 정체성이 막
헛갈리기 시작한 거지. 왜 이 일을 하고 있어야 되는지. 내가 한국
에 잠깐 왔다가려고 했는데, 지금 이 시간 이 시점에 있어서는 내
가 왜 이렇게 마음이 슬퍼야 되는지는 진짜 하염없이 울었어(박용문).

위의 구술에서 알 수 있듯이, 박용문씨의 정체성 혼란은 결국은
‘조선족’이라는 신분으로 이어지는 것이며, 맡은 일을 끝까지 완
성하기로 결정한 이유는 한국인들의 편견과 무시를 없애고 ‘조선
족’으로서 인정을 받기 위해서이다. 이러한 그들의 행위방식은 사
회적 차별의 질서 속에서 ‘조선족’으로서의 가치를 인정받기 위한
조선족들의 일상적인 실천이라고 할 수 있다.

그렇죠. 동포들을 일을 시켜놓으면 일을 제대로 하냐 이런 소리
많이 하거든. 또 그런 걸 더럽힐 수 도 없고. 안 하고 말아도 되는
데 해놓고 가면서 나 혼자 컨트롤을 못한 거지. 조선족으로서 인
정받기 위해서 한 거지. 아니면 내가 그 방황을 할 이유가 없었죠.
내가 싫으면 안 하면 되잖아요. 참 일을 하면은 똑같은 일을 해도
벽돌을 이렇게 세우는 것도 한국 사람이 넘쳐놓으면 왜 이걸 넘쳐
놓았냐 그러잖아요. 중국동포가 넘쳐놓으면 중국새끼들이 그랬다
고 하거든. 사람들이 그때 엄청 무시당했어. 그것도 대놓고. 중국
새끼들, 중국새끼들 그랬었거든. 지금은 교표, 교포. 지금 교포소
리를 들어도 기분이 나쁘잖아요. 그때 교포가 어디 있어. 중국새
끼들 중국새끼들 중국놈 이랬어. 중국애 아니야 이러는 거야. 그
런 것 때문에 더 잘해야 겠다고 생각했지(박용문).

이와 같이 불법체류의 자격으로 한국에서 살아가던 조선족들은
나름대로의 귀속의식을 가지게 되며, 조선족들끼리 어울릴 수 있
는 ‘조선족’ 집단으로 귀속하게 된다. 그러한 집단으로의 귀속을

가장 선명하게 보여주는 것이 바로 '조선족 타운'에서 조선족끼리 만나 스스로의 정서적 안정을 도모하는 행위들이다.

넷째, 서비스업 등 종사하는 일의 성격으로 인해, 조선족들은 '더러운 일에 종사하는 하층계급'으로 취급되면서 한국인의 무시와 차별을 받는다. 남석희씨가 바로 한국의 계급적 차별을 경험한 사례 중의 하나이다. 파출부로 한 집에서 일하던 그는 주인집에서 먹을 것을 잘 안주고 스스로 사먹으려고 해도 허락하지 않는 상황에서 먹지 못해 기운이 없어서 결국 그 집을 나오게 된다. 그 후에 부잣집에 들어가게 된 남석희씨는 또 비슷한 경험을 하게 된다. 구체적으로 말하자면, 주인 할머니가 강낭콩이나 고기가 비싸서 못준다고 하기에 다른 밥솥에 따로 자기의 밥을 해먹게 된다.

…… 머 아이 주는거야. 먹을 거 안 주는 거야. 잘 사는 집인데, 냉장고가 큰 게 두 개인데. 맛이 없는 거 이쪽 냉장고에 넣은 거 그거 나를 먹어라 하구 좋은 거는 다 저쪽 냉장고에 넣구 그 사람들이 먹구. 나두 먹어야 애를 보지. 힘이 없으니까 먹지 못하니까. 그래서 내 절로 내 돈으로 야채라도 좀 사먹게 애기를 잠깐이라도 봐달라고 하니까 친정어머니가 월급은 주는데 그 친정어머니가 안 된대. 내 이렇게 벌어서 뭐 하겠느냐하구 직업소개소에 전화를 하니까 그럼 오라구. 나까지 9번째 들어갔다는 거야. 그리구 한번은 내가 완전 대재벌 집에 가서 일했는데 그 할머니는 완전 깍쟁이야 그 할머니는 무엇이나 그저 혼자 먹어요. 혼자. 이거는 비싼 건데, 어디서 택배로 보내온 건데 설명을 하면서 안 줘. 마지막에 썩게 되면 아줌마, 아줌마두 먹어 하는 거야. 안 먹어요. 난 썩은 거는 안 먹어요. 먹던 밥도 나를 먹으라고. 음식도 먹다 나머지를 나를 먹으라고. 내가 머 쓰레기를 청리하는 사람인가 해요. 나는 굶으면 굶지 안 먹습니다. 있잖아. 밥을 하면은 여기서는 강낭콩이라잖아. 강낭콩이 비싸잖아. 그것두 아줌마 못주겠대. 비싼 거라서. 고기도 비싼 거라서 아줌마 못주겠대. 그래서 강낭콩 그럼 어

떻게 해요 그게 한 밥솥에서 콩이 내 밥그릇에 안 오게 할 수는
없잖아. 그러면 할머니 밥솥 하나 있어요 하니까 있대. 그러니까
딴데다가 밥을 따로 끓여먹지(남석희).

이와 같이 서비스업, 파출부 등 일에 종사하는 조선족들은 한국
에서 하층계급으로 전락되는 경험을 하게 된다. 그는 자신이 먹다
남은 떡을 냉장고에 넣었더니 자리가 없다고 화를 내는 주인 할머
니에게 '나는 먹을 것이 있으면 혼자 먹지 않고 같이 나누어서
먹는 사람'이다, '내가 냉동해둔 인절미를 드시고 싶을 때 마음대
로 드시라'고 말한다. 따라서 그는 조선족들은 한국인처럼 '이기
적'이지 않다는 것을 재삼 나타내고자 하며, 사회주의 국가에서
온 자신의 이타주의를 보여줌으로써 조선족으로서의 사회적 가치
를 부각시키고자 한다.

한번은 떡을 여러 가지 사와서 첫날에는 할머니보구 드셔 보라구
했다구. 그리구 나머지 있으니까 냉동했는데 내가 그걸 덥혀서 먹
을 사이가 없으니까 할머니가 머 혼자서 먹으면 얼마나 먹는다고
많이 사서 냉장고에 자리도 없는데 하더라고. 그래서 내가 할머니
보구 내가 말했잖아요. 거기다가 넣어 둔거니까 할머니 잡숫고 싶
을 때 가져다가 잡수라구. 나는 그렇지 않아요. 어찌나 물건이 있
으면 같이 잡수어야 속에서 떨어지지. 어떻게 곁에다 두고 내 혼
자 먹느냐고. 나는 그런 마음이 아닙니다. 내가 꺼내서 덥혀서 먹
을 때는 꼭 할머니 것까지 덥혀서 할머니한테 드립니다. 내가 없
을 때도 드시고 싶으면 꺼내서 드시라고 몇 번이나 말씀드렸나요.
나는 안 그래요. 나는……. 한국에는 믿을 사람이 없어. 다시 말하
면 우리는 모택동 시대니까 남녀노소 너나없이 잘 살고 못살고 남
녀평등을 만들었잖아. 향수는 타인에게 좋은 일은 타인에게 맡기
고 바쁜 거는 자기가 해야 된다 우리 이렇게 학습하고 단련되어
왔잖아. 청년 때부터. 여기는 자본주의 국가는 그게 아니야. 우선

은 나. 자본주의 국가 사람들이 에누리 없지머(남석희).

　조선족 여성 파출부들의 이러한 사회적 삶의 경험은 반드시 조
선족이기 에 겪는 것이 아니라, 한국인 파출부에게도 보편적으로
존재하는 경험들이다. 또한 한국에서 살아가는 조선족 노동자들
만이 이와 같은 무시와 차별을 받는 것이 아니라, 회사원, 자영업
자, 유학생 등 조선족 집단 구성원들도 조선족이라는 이유로 똑같
이 무시와 편견의 대상이 된다. 중요한 것은, 이와 같은 사회적
삶의 경험 속에서 조선족들이 자신들의 기존의 정체성을 동원하
면서 스스로의 귀속을 새롭게 규정한다는 것이다.

　여기에서 한 가지 짚고 넘어가야 할 것이, 조선족 집단에 대한
한국인들의 규정 또한 단일하지 않다는 것이다. 한국인들이 조선
족을 바라보는 시선은 세대별, 성별에 따라 서로 다르다. 70대 할
아버지 한 분은 조선족들이 중국이 잘 살 때 중국으로 갔다가, 한
국이 잘 살게 되니 한국으로 와서 이곳을 엉망으로 만들어놓은
장본인으로 간주하고 있다. 아래의 이야기에서 알 수 있듯이, 할
아버지는 조선족을 완전한 외국인으로는 규정하지는 않지만, 현
재 조선족들을 역사 속의 조선인 그 자체로 보고 있으며, 중국에
서 태어나서 상당히 다른 배경을 가지고 성장해 온 집단이라는
사실을 무시하고 있었다.

이곳이 조선족들 때문에 완전 개판이 됐어. 우리는 철새라고 하잖
아. 못 살 때 허리띠를 졸라매고 일하고 그렇게 살았는데 자기네
들은 못 살때는 잘사는 중국으로 가고 지금 한국이 잘 사니까 이

곳에 와서 개판을 치는 거야. 여기 와서 개판을 치고 말이야. 싸가
지 없는 것들이. 이제 조선족들을 보면 좀 말해주세요. 좀 예의를
지키면서 살라고(70대, 남성 구술).

이와 달리, 50대 중장년 남성은 '조선족'을 '같은 뿌리'의 외국
인으로 보고 있다. 그에게 있어 조선족은 한국에 기대를 하지 말
아야 할 존재이며, 한국이 자신들의 조국이기에 잘해줄 것이라고
기대하는 자체가 환상이라고 인식하고 있다. 그는 서로 다른 배경
을 가지고 살아온 한국인과 조선족들을 서로 다른 부류의 집단으
로 생각하고 있다. 따라서 조선족들은 한국으로의 이주를 모국으
로의 역이주로 생각할 것이 아니라, 한국인들이 미국과 같은 외국
에 이주하여 새로운 삶을 개척하는 것과 같은 방식으로 한국에서
살아가야 한다는 것이다.

저는 조선족과 한국인은 같은 어떤 민족의 뿌리는 있지만, 제 생
각에는 국적이 다른 나라 사람이라고 생각해요. 조선족 같은 경우
는 한국말을 하는 중국 사람이라고 생각해요. 완전히 국적이 다른
사람들이라고 생각해요. 자라온 환경이 다 틀리잖아요. 같은 민족
이라도, 자란 환경이 틀리고 하니까 나름대로 그 나라의 생활습관
에 따라서 쭉 커왔고, 생김생김이 같고 말은 같이 쓰더라도 서로
간에 틀리니까 똑같이 생각해서는 안 된다 저는 그렇게 생각해요.
그리고 조선족 사람들도 한국에 와서 아 우리 이거 모국이다 큰
기대를 와가지고 그리고 그 기대에 못 미치면 성난 감정이 많을
거란 말이죠. 오히려 그런 생각을 안 가지고 우리가 외국에 이민
가서 살듯이 외국에 나가지고 내가 어떤 그런 다른 삶을 가져보고
자 하는 그런 자세로 임해야지 내 조국이다 그래 여기 가면 모든
것이 잘 될 것이다 모든 게 나한테 다 잘해줄 것이다 그러면 환상
이라는 거죠(50대, 중년 남성 구술).

  요컨대, 조선족들은 이러한 과정 속에서 "동포"로부터 "불법체류자", "최하층 이주노동자"로 전환되며, 일상생활에서 반복되는 두 가지 규정화의 과정 ― 외부로부터의 규정화와 스스로의 내부적 규정화 ― 속에서 그들의 정체성은 재구성된다(Jenkins, 1997: 80). 그렇다면, 이와 같은 법적·제도적 현실에 직면한 재한 조선족들이 스스로를 어떻게 규정짓고 살아가는 것인지에 대해 다음 장에서 살펴볼 것이다.

04

재한
조선족의 실천
전략과 정체성

# 제1절 실천전략의 유형과 특징

1. 실천전략의 유형별 사례

현지에서의 참여관찰과 심층면접을 통해 수집한 자료를 기반으로 재한 조선족의 실천전략들을 분석해보면, 그것은 크게 중국에서 형성하여온 '조선족'이라는 '소수민족' 정체성을 유지하려고 하는지, 혹은 한국 주류사회에 적극적으로 진입하는 것을 원하는지에 따라서 서로 다른 실천전략을 보인다. 이 글에서는 다양한 조선족의 실천방식을 포괄하여 그 유의미한 차이에 따라서 크게 네 가지로 구분하였다. 즉 기존의 '조선족' 정체성을 유지하면서 한국 주류사회에 진입하고자 하거나 주류사회와 관계를 유지하고자 하는 유형, 기존의 정체성을 강화하면서 중국의 주류사회에 진입되기를 원하는 유형, '조선족'임을 숨기고 한국국민으로 살아가는 유형, '조선족'임을 부정하며 '국제인'으로 살아가는 유형 등이 그것이다. 이하에서는 각각의 유형에 속하는 개별적인 행위주체들의 실천을 구체적인 사례를 통해서 살펴보고자 한다.

첫째, 기존의 '조선족' 정체성을 유지하면서 한국 주류사회에 진입하고자 하거나 주류사회와 관계를 유지하고자 하는 유형이다. 먼저 한국에서 '동포'로서의 지위를 확립하고 사회적 위치를 변화시킴으로써 한국의 주류사회에 진입하고자 하는 사례가 있다. 이 사례의 경우, 단체결성을 통해 형성되는 힘들을 자신들의 사회적 자본으로 확보함으로써 주류사회의 사회적 배제를 보완하고자 하며, 영등포구청에 등록하여 전체 한국사회를 대상으로 하는 자원봉사를 진행함으로써 자신들도 한 사회를 구성해나가는 주류사회 구성원과 똑같은 시민임을 보여주고자 한다. 따라서 이러한 실천을 통해 한국사회에 통합됨으로써 진정한 한국의 주류사회구성원으로 되고자 한다. 한마음협회에 참가하여 이러한 목표를 실현하고자 하는 김은희씨, 박용문씨, 김국철씨, 김화씨가 이 사례에 속한다. 김은희씨, 박용문씨, 김국철씨는 모두 한국국적을 취득하였으며 법적으로 '한국인'이 되었기에 당당하게 '한국인'으로 살아가기를 희망한다.

2001년도에 한국인 남성과의 결혼을 계기로 한국에 입국하게 된 김은희씨는 한국 국적을 보유하고 있으며 현재 한국에서 프리랜서로 중국어 강의 혹은 통역 등 일들을 하고 있다. 그는 이주 초기 한국인들의 무시와 차별을 받지 않기 위해 마치 '한국인'이

된 것처럼 '적응'하면서 또 '적응'했다는 착각 속에서 '한국인'으로 살아간다. 그와 동시에 '조선족'들의 '못난 짓'들을 보면서 '조선족' 집단을 멀리하게 된다.

> 특별히 또 비교도 못 느끼겠더라고, 한국에 계속 살다보니까. 그 다음부터는 마치 한국인이 된 것처럼 적응하면서 그런 착각 속에 빠지면서 살게 되었지. 어디 가서 중국동포라는 티는 안내고 말도 될 수록이면 사투리 않 쓰려고 그랬었지. 한동안은 좀 그랬던 것 같아. 중국에서 다면 얕잡아 볼까봐 그런 건 감추고 숨기기 위해서라도 좀 한국인이 되려고 많이 노력하고 그랬던 것 같아. 우선 말부터 신경 쓰면서 고치려고 노력했거든. 한국 습관 따라 하려고 노력했고 어차피 이 나라에서 살려면 또 똑같은 대우를 받으려면 같이 행동을 같게 해야 하지 않겠느냐 그런 생각이었지. 한동안은 한국인으로 살아보겠다. 한동안은 그냥 중국친구들하고 연락도 안 하고 살았고 물론 살기 바빠서 그런 것도 있겠지만 그리고 여기 대림 쪽에 조선족들이 못난 짓들을 많이 하잖아 그런걸 보면서 나는 저렇게 살면 안 돼 막 그렇게 생각하면서도 좀 멀리 하면서 나는 좀 다르게 살아봐야지(김은희).

하지만 '한국인'으로 되고자 하는 그의 시도는 실패하게 된다. 그는 "귀화를 했어도 당당하게 한국인"이라고 말할 수 없는 상황에서는 자신을 어쩔 수 없는 '중국인'이라고 규정한다. 또한 "아무리 노력해도 하루아침에 한국인이 될 수 없는" 현실 앞에서 그는 차라리 자신의 "불투명한 정체성을 숙명"이라고 인정하고 살아가야 한다는 판단을 내리게 된다.

> 난 정체성 혼란을 겪을 때가 많거든 우리는 완전한 중국 사람도 아니야 그치. 그리고 완전한 한국 사람도 아니야. 그니까 도대체 내가 어느 위치에서 어떤 존재로 있어야하나 그런 생각. 난 귀화

를 했어도 당당히 한국인이라고 말할 수도 없고. 그러니까 난 어쩔 수 없이 중국인이야. 아무리 한국인이 되고 싶어도 안 돼 그거는. 다른 사람들이 받아줄까 아니 받아줄까를 떠나서 내 스스로가 생각이 그렇게 안 들어. 그렇잖아. 우리는 역사적으로 중국에서 태어났고 중국인이라는 이름으로 20 몇 년 동안 그 문화 속에서 살았는데 하루아침에 그게 한국인이 될 수 있는 거는 아니잖아. 이제는 차라리 이걸 인정하고 우리 이런 불투명한 정체성 자체를 숙명이라고 생각하고 살아가는 게 더 편할 것 같아(김은희).

그리하여 조선족 집단을 탈리하고자 하는 노력도 실패를 하게 된다. 한국 사람들 속에서 당당할 수 없음을 인지하게 되자 그는 다시 '조선족' 집단으로 귀속하게 된다. 자신이 그동안 거부했던 '조선족' 집단은 그에게 '사막에서 오아시스'를 만난 것처럼 "반갑고 정겹고 편안한" 공동체로 재의미화된다.

한국사람 무리에서 내가 당당할 수 없더라고, 사람은 항상 자기가 당당하기를 원하고 자기 편한 그런 무리를 찾게 되잖아. 그렇다보니까 항상 우리들만의 이런 무리로 들어오게 되더라고. 처음에는 한국인사람들 속에 한국인처럼 살아보기로 했는데 현실적으로 안돼. 벽이 있고. 한국인들과는 또 친해지지 못하는 뭔가가 있어. 그래서 사람이 막 외롭고 하니까 이런 동호회 같은 것도 찾고 되고 이런 카페 같은 것도 찾게 되고 처음에 찾은 것이 모이자였어. 그때 참 오아시스를 만난 기분이었지. 이런 조선족단체에 들어오면 막 정겹고 편안하고 그런 거야. 공동대화도 많고 통하는 것도 많고 그러다보니까 단체 활동을 자주 하게 되고 이 동네에 자주 오게 되고(김은희).

현재 그는 한마음 협회에 참여하여 조선족의 사회적 위치를 변화시키기 위한 노력들을 하고 있다. 그는 조선족이 뭉치는 이유는 한국사회에 더욱 잘 적응하기 위해서라고 인식하고 있을 뿐만 아니라, 자신들의 사회적 위치를 변화시키기 위해서는 스스로가 "인정할 건 인정하고 배울 건 배우고 수정할 건 수정"하면서 점점 발전해가는 집단으로 되어야 한다고 이야기한다.

동포들이 뭉쳐서 우리가 우리의 정체성을 찾아가고 한국사회에서 우리들이 좀 더 인정을 받고 더 나아가서 한국에서 조화롭게 살아 갈 수 있는 한국사회와 조화롭게 살수 잇는 우리끼리만 뭉치는 게 아니라 우리가 뭉치므로 하여서 더욱더 한국사회에 적응할 수 있 게끔. 우리가 뭉치고자 하는 이유는 우리가 변해보자라는 그 이유 야. 다 같이 모여서 뭔가를 좀 느끼고 인정할 건 인정하고 배울 건 배우고 우리가 못하는 부분은 인정하고 조금씩 고쳐나가고 하 면서 조금 더 발전하는 그런 사람들로 되어보자 그런 취지. 그냥 우리끼리 모아서 먹고 놀자는 식이 아이라 좀 더 발전해보자는 그 런 생각이지(김은희).

김은희씨와 함께 한마음 협회에서 활동하고 있는 박용문씨는 학교를 졸업하고 중국에서 음악밴드를 구성하고자 자금마련을 위해 한국으로 입국하게 된다. 6년 동안 불법체류자로 있으면서 그는 건설현장에서 인부로 일하게 된다. 그 과정에서 3년 동안 친하게 알고 지내던 한국인의 이름으로 건설업체와 계약을 맺고 십장으로 일하게 되며, 6년 동안 '집 없는 설움'을 경험을 하게 된다. 그 이후 조선족 지인의 소개로 2006년도부터 가리봉동에 와서 여행사를 운영한다. 잠깐 머물다가 떠나려 했던 한국은 이제 그가 정착할 곳이 되었다.

중국에서 아나운서 경험이 있는 박용문씨는 우연한 기회에 모동포신문사6주년 행사에서 사회자로 활약하게 되며, 그 이후부터 그는 한국의 조선족 사회에서 활동하게 된다. 중요한 것은 박용문 씨가 한국국적을 취득하고 조선족 사회에서 활동하면서 자신의 귀속을 대상에 따라 다르게 표출한다는 것이다. 한국사회에서 자신을 '동포이지만 귀화'한 사람으로 밝혔을 때와 단지 '조선족'이라고만 밝혔을 때 자신을 대하는 한국인들의 태도가 '달라짐'을 느끼고 '조선족'에 대한 차별을 감소시키기 위해 자신이 "귀화"했다는 사실을 강조한다.

현재 한마음 협회의 운영위원인 박용문씨도 김은씨와 비슷하게 조선족을 둘러싼 법적·제도적, 사회·문화적 차별을 변화시키고, 한국사회에 진정으로 통합되기 위해서는 우선 조선족끼리 뭉쳐야 한다고 인식한다. 조선족들이 한 덩어리가 되어야 만이 동포에 대한 한국정부의 시각과 정책을 변화할 수 있다는 것이다.

근데 큰 덩이가 큰 덩이를 만나기전에 우리 덩이가 먼저 찰싹 들어붙어야 되지. 우리덩이가 부실한데 푸석푸석한데 잘 뭉쳐져 있는 한국인들하고 부딪쳤을 때 우리는 즉시 산산조각이 나는 거지. 우리가 똘똘 뭉쳐야지 우선은. 그다음에 서서히 융합을 해야지. 내가 생각하는 그 뭉친다는 얘기는 중국에서 온 동포들만 뭉쳐야 한다는 뜻보다도 중국에서 온 동포들이 먼저 뭉치고 한국인들하고 융합을 해야 하는데 뭉쳐야 한다는 건 뜻을 같이 하자는 거잖아(박용문).

뿐만 아니라, 한국사회에서 '중국 동포'가 아닌 진정한 '동포'로 인정받기 위해서 조선족 단체는 조선족과 한국 정부를 이어주는 중계인 역할을 해야 하며 정책지향적인 실천을 해야 한다고 인식한다.

정책 지향적인 거 많이 해야지. 예를 들면 중국동포가 한국사회에 기여하는 점 그리고 한국사회에 폐를 끼친 점, 부작용을 일으킨 점들이 뭔지 이런 것들을 알아가면서 한국정부가 동포들의 정책에 대한 맞는 부분과 잘 가릴 수 있도록 옳은 정책을 풀 수 있도록 그런 기반을 마련해줘야 우리가 바라는 거는 뭐고 우리가 개선해야 할 거는 뭐냐 이런 것들을 중계인 역할도 잘 해야 할 것이고. 우리가 여태까지 못 해왔던 것들을 어떻게 해야 잘할 수 있는지 그런 정치적인 내용도 있어야 한다고 봐요. 그래야 나중에 중국동포라고 하지 않고 그냥 동포라고 할 거지. 우리 동포라고 그렇게 가야 하는 거야(박용문).

김국철씨도 김은희씨, 박용문씨와 함께 한마음협회에서 활동하고 있다. 그는 1997년에 한국에 입국하여 갖은 어려움을 겪고 식당을 차리게 된다. 또 우연한 기회에 조선족 단체를 결성하게 되며 현재 한마음 협회의 운영위원으로 활동하면서 조선족들의 사회적 위치를 변화시키기 위한 실천들을 하고 있다. 한국 국적을 취득한 그는 한국사회에 잘 적응하면서 안정적으로 살아가기를 지향하며, 조선족들이 한국사회에 잘 적응하면서 살아가려면 '조선족'끼리 잘 뭉쳐야 한다고 판단한다.

한국사회에 적응하려면 우리가 뭉쳐야 돼요. 그 뭉치는 게 정말 쉽지 않아요. 그냥 간단히 예를 들어서 우리 한마음 협회를 보더라도 알아요. 사람들이 이렇게 몇이라도 뭉치니까 큰 힘이 되는 거요. 왜냐 하면 우리 세력을 또 무시는 못해요. 진짜 큰 힘이 되는 거요. 거기에 대해서 또 자기 생활만 자기 생활이라고 하지 말고 남들도 도와주면서 이런 모습이랑 보여주면서 하면 무시 못 해요(김국철).

따라서 한마음 협회의 운영 목표를 주류사회에 진입하는 것으로 설정한다. 그에게 있어 주류사회에 진입하는 방법이 바로 사회적 실천을 통해 자신들의 인적자본을 드러내거나 빌딩을 세우는 것과 같은 경제적인 독립이다. 뿐만 아니라, 조선족들에 대한 법적·제도적, 사회·문화적 차별을 변화시키는 가장 좋은 방법은 다름 아닌 한국 정부가 조선족을 '동포'로 인정해주고 조선족에 대한 정책개선을 추진하는 것이다.

> 어떻게 하나 주류사회에 들어가는 거야. 쉽지는 않겠지. 그런데 꼭 그렇게 될 거야. 우리가 만약 우리 힘으로 큰 빌딩 같은 거 지으면 뭔가 보여주면 우리를 무시하지는 않을 거야. 외국인들보다도 더 대접을 못 받는 게 지금 조선족이거든. 이걸 해결하는 것도 무슨 그런 뾰족한 방법이 없어요. 그런 문제를 해결할 수 있는 제일 좋은 방법이 정부에서 추진을 해야 돼요. 정부에서 인정을 해야지. 조선족들도 다 우리 한민족이다 같은 민족이다 그렇게 애들부터 교육을 시키고 그런 사상을 주입시켜야 되고 우리는 전 7000만 동포라고 우리 중국의 조선족들도 들어간 거야. 그런데 말로만 동포라고 하지 이 사회가 참 허구프지. 글쎄 발전은 크게 생각도 안 해요. 그냥 꾸준히 하던 일이라도 하고. 크게 머 생각하는 자체부터도 우스운 일이라고 생각해. 그냥 꾸준하게 정규적으로 활동을 하고 회원이라도 더 확보하고(김국철).

15년 동안의 한국 생활을 거쳐 한국에서의 정착을 결심하게 된 김국철씨는 자녀의 학교입학 등 현실적인 문제로 인해 한국 국적으로 바꾸게 된다. 하지만 그의 국적과 귀속의식은 일치되지 않는다. 즉 한국 국적을 취득했지만 그는 한국인이라고 당당하게 말할 수 없는 현실 앞에서 "한국에서 받아주지 않아서 중국에 가면 중국은 그래도 우리를 받아준다"는 식으로 자신의 귀속을 표출한다.

김화씨도 앞의 세 명의 사례와 마찬가지로 한마음 협회에서 활동하고 있다. 2008년에 한국에 입국한 김화씨는 모 회사에 근무하고 있으며 친구의 집요한 소개로 석 달 만에 한마음 협회 봉사활동에 참가하게 된다. 김화씨가 지속적으로 봉사활동에 종사하게 된 이유는 봉사활동을 하면서 느끼는 보람 때문이었다. 요양원에서의 한 할머니의 웃음은 그가 봉사활동을 유지하게 된 계기가 되었던 것이다.

> 친구 땜에. 고향이 같잖아. 친구가 석 달 꼬셨어. 협회에 참가하자고. 그래서 할 수 없이 갔어. 근데 그때 봉사할 때 한 할머니가 팔이 아파가지고고 약으로 문질렀는데 아프다고 살랑살랑 해라고 하더라고. 그래서 살랑해줬더니 웃더라고. 그 웃는 모습에 이 봉사단에 계속 있고 싶더라고. 처음에는 봉사단에 나갔다가 할지 안 할지는 모르겠다고 했거든, 근데 한번 나갔다가 그냥 하고 싶더라고(김화).

이와 같은 네 사람은 현재 모두 '조선족 타운' 내에 거주하고 있으면서 단체 활동에 참여하고 있다. 그들이 현재 참여하고 있는 한마음협회의 실천들을 구체적으로 설명하자면 다음과 같다.

한마음 협회는 여가활동 중심의 친목단체로서, 협회는 회원들을 확보하여 여가활동을 진행하는 것으로 집단 역량을 과시하고자 하며, 또 봉사활동, 체육대회[38], 송년회 등의 축제[39]를 통해 자

---

38) 체육대회는 보통 여러 명으로 팀을 짜서 줄다리기, 달리기, 게임, 축구, 배구 항목의 경기들을 하고, 우승한 팀에 상품을 배분하는 시스템으로 진행된다. 이러한 집단적 활동은 한국의 음력설 축제문화와는 완전히 다른 것이다.

39) 3.8국제 부녀절(세계 여성의 날), 연변조선족자치주 창립일, 추석, 송년회, 음력설 등 기념일이나 명절에 진행되며, 노래자랑, 민속음식, 축구대회, 문화공연 등의 내용으로 구성된

신들의 집단적 가치를 드러내고자 한다.

한마음 협회에서 진행하는 봉사활동은 사회적 위치를 변화시키고자 하는 그들의 열망을 가장 잘 드러내는 방법과 수단이다. 협회는 한국사회의 인정을 받기 위해 2008년부터 매월 정기적인 봉사활동을 진행했으며, 그 취지는 불우이웃 돕기, 후원금 모금, 중국동포사회의 봉사의식과 기부문화 형성발전에 일조하는 것이다.

> 한마음봉사단은 어려운 중국동포들과 불우이웃을 돕기 위한 취지로 중국동포사회에서의 봉사정신과 기부문화형성과 발전에 앞장서고 일조하기 위하여 한마음으로 뭉친 중국동포봉사단체이다. 후원금모금과 노력 봉사 등 다양한 형식의 봉사활동을 통하여 어려운 한국 생활 속에서도 작지만 이웃에게 사랑을 전하고 그 사랑을 기쁨으로 돌려받는 봉사의 정신을 배우고 실천함으로써 중국동포들의 위상과 자긍심을 높이고 삶의 질을 향상하여 만족스러운 삶을 영위하는데 그 목적을 두고 있다.

하지만 위의 취지문에서 알 수 있듯이 중국동포들의 위상과 자긍심을 높이는 것이야말로 봉사단 활동의 진정한 목표이다. 즉, 영등포구청에 등록하여 전체 한국사회를 대상으로 하는 자원봉사를 진행함으로써 조선족들도 한국국민들과 동등한 위치에서 사회적 봉사활동을 진행할 수 있는 능력을 구비한 집단임을 보여주며, 그것을 통해 조선족들의 사회적 위치와 위상을 높이는 것이 궁극적 목표이다. 협회의 봉사내용을 제시하면 다음과 같다(<표 7>).

다. 조선족 단체에서 3.8국제부녀절(세계 여성의 날)은 큰 축제대상이다. 재한동포연합총회와 연합회에서는 3.8국제부녀절이면 한복을 입고 노래자랑, 춤자랑 등으로 하루를 보낸다. 음력설 축제에서는 조선족 음식을 만들어서 먹거나 노래자랑, 춤자랑 등으로 프로그램을 구성하는 것이 일반적이다.

<표 7> 2010년 봉사활동 보고

		활동내역
1월	1.10	귀한동포행사현장 새해맞이 그림 판매 행사-수익금 적립
	1.17	대림역(결식아동급식비지원, 아이티재난후원) 일일찻집 모금행사
	1.25	대동초등학교 다문화 결식아동 급식지원-매달후원 일 년 약정 총(12회)
2월	2.13	제일성결교회 설맞이 동포노인정 무료급식 노력봉사
	2.21	일산 해븐리병원 위문공연 봉사(1회)
3월	3.21	일산 해븐리병원 위문공연 봉사(2회)
4월	4.18	군포 엘림요양원 위문공연 및 급식도우미(1회)
5월	5.08	재한동포경로당 5.8 어버이날 경로당 어르신효도잔치 후원금 전달
	5.12	동포 경로당 어르신들 용인 에버랜드 행복한 나들이 인솔봉사
	5.16	군포 엘림요양원 위문공연 및 급식도우미(2회)
6월	6.26	영등포 노인케어센터 위문공연 및 병실청소
		일산 해븐리병원 위문공연 봉사(3회)
7월	7.18	군포 엘림요양원 위문공연 및 급식도우미(3회)
		광야홈리스센터시설봉사-쪽방도배 및 장판교환
8월	8.29	군포 엘림요양원 위문공연 및 병실청소(4회)
9월	9.12	대림경로당 한가위 "효" 경로대잔치 음식후원
	9.20	KBS 다문화 전국노래자랑 행사-질서유지 스태프 봉사
10월	10.17	허재혁 백혈병어린이 돕기 자선 모금행사(1회)
11월	11.21	영등포 대명요양센터 위문공연
12월	12.26	허재혁 백혈병어린이 돕기 후원금 전달 행사(2회)

한마음 협회 봉사활동에서 가장 많이 진행된 봉사가 요양원 위문공연이다. 군포 엘림 요양원 위문공연 봉사활동은 2010년에만도 무려 4차례나 진행되었다. 이러한 봉사활동은 조선족 단체에 참가함으로써 얻는 정서적 안정보다도 모든 개개인들이 보편적으

로 느끼게 되는 인간애를 통한 사회적 관계의 확장을 의미하는 것이기도 하다.

한국에서 열리는 한마음 협회 체육대회도 조선족들이 자신들의 집단적 역량을 과시하는 일종의 도구로 사용된다. 그들이 한국에서 진행하는 체육대회는 건강을 위한 체육프로그램 그 이상의 의미를 지니는 것으로써 조선족들은 체육대회라는 단체 활동을 빌려 확충되는 인적자본을 보여주고자 한다. 또한 집합적 행위를 통해 역량을 과시함과 동시에 과시되는 역량 속에서 힘을 얻음으로써 자신들의 사회적 위치를 변화시키는 결과를 가져오고자 한다.

한마음 협회의 송년회 역시 사회적 위치를 개선하기 위한 실천전략의 구성내용이다. 약 250여명이 참석한 한마음 협회의 2010년 송년회가 OOO웨딩홀에서 진행되었는데, 그들이 이러한 공식적인 행사장소를 빌린 이유는 유형(有形)의 집단적 행동으로 무형(無形)의 인적자본의 활용가능성을 보여줌으로써 한국사회의 인정을 받기 위해서다. 한마음 협회 운영위원 김국철씨는 조선족들의 "술만 먹고 일만 치는 미기한 행위"는 한국인들에게 부정적인 이미지를 각인시키는 원인이 되며, 한국사회에서 인정을 받으려면 이러한 행위방식부터 개선해야 한다고 인식한다. 그리하여 그는 조선족 식당에서 술만 마시는 것이 아닌, 한국인들처럼 공식적인 장소에서 행사를 진행하는 것으로서 자신들의 이미지와 사회적 위치를 변화시키고자 한다.

우리 조선족들이 한국 사람들 눈에는 모여서 술만 먹고 일만 치는 아주 미기하고 상당히 안 좋은 이미지로 보이는 거야. 우리도 이제는 그런 문화를 변화할 필요가 있어. 그래서 이번에 한국 사람들처럼 이런 공식적인 장소를 빌린 것도 그러한 이유 때문이야. 우리가 나서서 동포들의 이미지를 변화하고 한국사회에서 인정받기 위해서는 이렇게 해야 돼(김국철).

중요한 것은 이러한 취지로 결성한 다양한 조선족 단체의 공존이 현재 분절된 연대감을 조성하고 있으며 그러한 분절된 연대감은 주류사회로의 진입을 저해하는 요소로 작동할 뿐만 아니라 집단 간 경계를 더욱 분명히 하는 요소가 된다는 것이다.

현재 조선족 단체들의 연대감은 가시적으로 분절되어 있고, 비가시적으로는 잠재적이거나 잠정적이다. 구체적으로 말하자면 여러 조선족 단체들은 현재까지 연대의 필요성을 느끼지 못하고 있다. 하지만 만약 '조선족' 집단이 부당한 대우를 받거나 생존공간이 파괴당할 상황에 놓였을 때에는 반드시 연대를 할 것이라는 잠재적 의지를 가지고 있다. 여기에서 중요한 것은 그러한 집단적 연대감의 가시적 분절화와 비가시적 잠재화는 오히려 사회적 위치의 개선에 역효과를 발생시킨다는 것이다.

2006년부터 활성화되기 시작한 조선족 단체는 각기 서로 다른 취지를 가지고 운영해왔으며, 각 단체들은 단체의 규모와 영향력이 커지기를 원하고 있다. 하지만 각 단체장들은 '동포들이 뭉쳐야 힘이 된다'고 인식하면서도 서로의 운영취지와 활동내용에 대해 이의를 품고 있다. 따라서 자신의 돈으로 단체를 운영해 온 경우들도 있기에, 어렵게 운영해온 단체를 다른 한 단체의 산하로 보내기에는 얼마간의 망설임이 있다.

하기에 조선족들의 집단적 연대감은 어쩔 수 없이 분절된다. 단체 간의 경계는 서로 다른 단체 내의 회원들에 의해서도 재생산된다. 왜냐하면, 엄격한 규제가 없다고 하더라도 만약 자신이 속한 단체가 아닌 다른 단체에서 활동하게 되는 경우 그것은 일종 배신적인 행위로 간주되기 때문이다. 이러한 분절된 연대감으로 인해 집단적 역량의 강화를 통해 사회적 위치를 변화시키고자 하는 실천들은 한계를 지닐 수밖에 없게 되며, 사회적 위치의 개선은 목표에 비해 효과적인 결과를 가져오지 못하고 있다.

집단적 연대감의 분절은 단체 활동을 지켜보는 '조선족 타운' 내의 비회원들의 평가에서도 나타난다. 단체에 참가하지 않는 조선족 일부에게 단체 활동은 그 자체가 아주 불순한 일로 간주된다. 다시 말하면 단체 활동은 "할 짓이 없는 사람들이 짝짜꿍이 맞아서 바람피우기 위한" 핑계인 것이다.

> 그 협회에는 할 일이 없는 사람들이 많구만. 먹고 살기도 힘들어 죽겠는데. 그런 협회에 나가는 사람들은 다들 문제 있는 사람들이야. 남자여자들이 짝짝꿍이 맞아 가지구. 너네 남편은 어디 있니. 와이프는 어디 있니 하면서 자꾸 만나다보면 정이 들구 그러면 바람 피는거지 머. 아. 정말 그 불우소년 돕기 단체는 마음에 들더라. 3년 동안 지속적으로 못사는 중국조선족 애들을 돕는 그런 거. 나도 그런데는 가입하고 싶어(40대, 남성, 식당주인).

더욱 중요한 것은 조선족 단체의 분절된 연대감은 조선족 단체를 잘 결집만 한다면 자신들 사업의 인적자본으로 활용할 수 있으리라는 한국인 단체의 상상을 깨뜨리게 되면서 주류사회로 진입하려는 목표와 더욱 멀어진다는 것이다. 오히려 이미 형성된 한 집단－조선족 단체라는 울타리 때문에 집단 간 경계가 재구축된다. 이는 사회적 위치를 개선하기 위한 실천들이 가져오는 역효과라고 할 수 있다.

다음으로, 스스로를 '사이에 낀 존재'로 규정하며 적당하게 기존의 정체성을 드러내면서 주류사회와의 관계를 유지하고자 하는 사례이다. 55세의 여순애씨는 2009년에 한국으로 입국하여 2년 정도 서비스업에 종사하다가 친한 조선족 친구 2명의 도움으로 2011년 9월부터 한화 4000천만 원을 자본으로 식당을 운영하기 시작한다. 일본으로 이주하기 이전 호주에서도 6개월 정도 살았던 그는 자신을 "부평초 같은 존재"라고 규정한다. 따라서 각 나라에서의 삶을 비교하면서 그는 한국을 "있어도 즐겁지 않은 공간", "숨 막히는 공간", "살고 싶지 않은 공간"으로 평가한다. 또한 그는 한국은 자신에게 편안한 느낌을 주는 공간이 아니므로 한국에서 식당을 운영해도 "즐겁지 않고 우울증이 올 것 같다"며, "하루 빨리 돈을 벌어서 중국으로 돌아가고 싶다"고 말한다.

영세한 가게를 임대해 혼자서 식당을 운영하고 있는 그는 육체적인 어려움뿐만 아니라 정신적으로도 스트레스를 받고 있다. 그 원인은 육체적 어려움과 항상 "혼자라는 고독감"으로 인한 것이기도 하지만, 한국인 손님들로부터 오는 차별적 시선과 편견으로 인해 항상 주의를 기울이고 있어야 하기 때문이기도 하다. 자신의 언어적 억양으로 조선족임을 알아차리는 한국인 손님들이 "중국

아줌마는 음식을 잘 못하고 더럽게 만든다고 하던데"라는 발언에 그는 "중국 년이 운영하는 식당이여서 더럽다"는 평가를 받지 않기 위해서 식당 음식을 각별히 정성들여 만든다고 한다.

또한 한국의 식당주인들이 손님들에게 밑반찬 같은 것을 많이 주기를 꺼려하는 상황에서 그는 '조선족'으로서의 '대범함'과 '통쾌함'을 보여주기 위해 건설현장에서 일하는 인부들이 식사하러 오면 음식을 정성들여 만들어줄 뿐만 아니라 그들이 배불리 먹을 수 있도록 밑반찬을 많이 내 준다. 그러면서 그는 "한국 사장들은 절대 우리처럼 이렇게 통쾌하게 못 준다"고 말한다. 그리고 한국에서 상대적으로 비싸지만 중국에서는 흔히 사 먹을 수 있는 북어, 고사리, 도라지, 더덕, 목이버섯 등을 밑반찬으로 만들어서 손님들 상에 올리거나 단골손님에게는 중국에서 가지고 온 목이버섯 등을 선물로 주기도 한다. 이와 같이 그는 자신을 향한 여러 가지 편견과 차별을 감소시키기 위해 중국의 물적 자원을 동원하여 손님들의 입맛을 돋우거나 중국에서의 가치, 규범들을 동원하여 비가시적인 영역에서 인정받기 위한 개별적 실천을 수행하고 있다.

현재 그가 운영하는 식당 단골손님의 대부분은 건설현장의 인부들이다. 한국인 인부들 중에는 한·중 수교 이후 중국으로 이주하여 사업을 하다가 실패하고 현재 인부로 일하는 사람, 그리고 십장으로서 건설현장에서 일하는 사람들도 많이 있다. 그들은 중국의 상황과 발전전망에 대해서 어느 정도 알고 있다. 또한 건설현장에 조선족이 많기 때문에 조선족과의 빈번한 상호작용 속에서 한국인 인부들은 조선족의 사고방식과 행위양식에 대해 잘 이해하고 있다. 건설현장의 인부인 한국인 손님들이 중국과 조선족에 대해 잘 알고 있는 상황을 인지한 여순애씨는 현재 한국인 손님들이 물어보면 당당하게 "중국에서 왔다"고 대답하며 언어적 억양에도 별로 신경을 쓰지 않는다. "단골손님이면 연변 사투리를 사용해도 알아듣는다"고 말하면서 당당하게 '조선족'이라는 것을 드러낸다. 이와 같이 적당한 시기에 맞춰 중국에서 온 조선족이라는 것을 적당히 드러내는 행위는 특정한 상황과 조건에서 중국이라는 국가적 소속을 도구화하여도 좋을 것 같다는 판단에서 출발했다고 볼 수 있다.

그렇다 하더라도 한국이라는 나라에서 정서적 안정을 찾을 수 없는 여순애씨가 지향하는 공간은 여전히 출신국인 중국 혹은 고향에서의 편안한 삶이다. 현재 그가 스트레스를 해소하는 방법은 조선족끼리 만나서 마작을 노는 것이다. 저녁 장사가 끝나거나 주말이면 "마작청에 가서 마작을 노는 것이 가장 큰 행복"이라고 한다.

이와 비슷하게, 전수철씨도 자신의 정체성을 적당하게 드러내는 것으로서 한국인과의 관계를 유지하고자 한다. 현재 박사과정에 있는 30세의 전수철씨는 한국에 입국하기 전에 중국의 도시에서 살았다. 조선족 산거지역에서 살았던 그는 "집에 돌아오면 한국어로 대화하고 밖에서는 한족과 접촉"하기 때문에 자신이 한족과 다르다는 것을 심하게 느꼈다. 때문에 그는 어렸을 적부터 '조선족'이라는 '소수민족' 정체성을 강하게 인식하면서 살아왔으며, 한족과 불평등한 위치에 놓여있다는 인식하에 '조선족'으로서의 정체성을 지키고자 하는 의식이 강했다.

그러한 이유로 한국에 이주해서도 전수철씨는 '조선족' 정체성을 지키고자 한다. 한국인들에게서 중국에 관한 많은 질문을 받을 때마다, 그는 중국의 상황을 잘 모르는 한국인들이 중국을 섣불리 판단하는 것에 대해 처음에는 "그것이 아니다"라고 잘 설명을 해보려고 한다. 그러나 현재는 "눈에 보이는 것만 존재하는 것이라고 믿고 있는" 한국인들을 "설득할 힘이 없기에", 그들의 판단과 인식에 무조건 "네, 네, 맞습니다"라고 맞장구를 쳐준다.

이와 같은 한국인과의 상호작용 속에서 그는 자신을 조선족일 수밖에 없는 '박쥐와 같은 존재'로 묘사한다. 조선족은 중국인들의 눈에는 '한국인', 한국인들의 눈에는 '중국인'이기에 결국은 빛을 볼 수 없는 '박쥐'라는 것이다.

> 중국에서 어렸을 적에는 한족들이 우리를 조선사람 꼬리빵즈(高麗棒子)라고 배척하고, 한중수교이후에는 한국제품들이 중국에 들어오자 또 우리를 '너희 한국인들'하면서 우리가 중국인이라는 것을 부정하고, 지금 한국에 와서도 한국 사람들이 '너희들은 중국인이다'라고 하기에 조선족들은 결코 박쥐같은 존재일 수밖에 없는 거야. 중국인도 아니고 한국인도 아닌 조선족일수밖에 없는 존재지 (전수철).

스스로를 '박쥐'로 규정하면서 그는 아무리 "같은 민족"이라고 말해도 한국인의 눈에는 '중국인'으로 보일 것이므로 '중국인'이라는 정체성을 적당하게 드러낸다. 그러면서 그는 "국적을 기준으로 동포의 지위를 결정하는" 한국의 논리에 빠져서는 안 됨을 강조한다. 그는 국적에 따라 분류되는 '동포'로서의 '중국 조선족'이 아니라 진정한 '중국의 조선족'으로서, 언제 어디서나 중국인 이라는 국가 정체성을 가지고 한국인과의 상호작용 속에서 생기는 모순과 불찰에 대응한다.

따라서 중국에서 살면서도 '조선족' 정체성을 끝까지 지키며 '박쥐'로 잘 살아가겠다"고 말하면서 자신의 이익을 위해 싸울 때는 국가를 도구로 사용해야 한다고 생각한다. 즉, '중국의 조선족'이라는 명분으로 한국에서 정당한 권리를 찾기 위해 싸우든지, "한국의 한국인"이라는 명분으로 중국에서의 정당한 권리를 위해 싸워야 한다고 인식하고 있다. 그렇게 해야만 국가와 국가사이에 끼인 존재가 되지 않는다는 것이다.

이와 같은 전수철씨의 행위에는 중국이라는 국가적 소속을 가장 믿음직스러운 보증으로 삼고 있으며, 국가를 도구화하여 '조선족' 정체성을 보유하면서 살아갈 수 있는 안정된 공간을 지향하는 의지가 내포되어 있다.

박선국씨와 최동식씨도 한국인들과의 관계에서 적당히 참다가 적당히 대응하는 방식을 취한다. 환경 미화원 일에 종사하는 60세의 흑룡강성 가목사(佳木斯) 출신 박선국씨은 조선족들은 한국인들과 '같은 민족'이라고 애당초 생각할 수 없는 존재라고 인식한다. 그것은 한국인들이 자신들을 "조선 사람의 후예"라고 생각하지 않으며, "외국에 있다가 다시 돌아온 '귀환동포'라고 여기지 않기 때문"이다.

우리는 한국사람과 '같은 민족'이라고 생각할래야 생각할 수 없는

그는 '같은 민족'으로서의 한민족 정체성이 거부당하는 어쩔 수
없는 현실 속에서 "중요한 것은 스트레스를 받지 않도록 자신을
조절하는 일이며, 조선족들은 응당 스스로 스트레스를 해소할 줄
알아야 한다"고 생각하고 있다. 그러면서 만약 사장님이 자신에게
스스로 해소할 수 없을 정도의 스트레스를 줬을 때는 아무런 우려
가 없이 직장을 그만둘 것이라고 말한다.

이와 비슷하게 최동식씨도 한국인 사장이 심한 스트레스를 주
면 직장을 그만두는 방식으로 스트레스를 해소한다. 연변에서 태
어나고 중국의 도시에서 10년간 군인생활을 해왔던 최동식씨는
현재 건설현장에서 일하고 있다. 그는 자신을 "앉을 자리 설 자리
가 마땅치 않은 존재"로 규정함과 동시에, 사장에게서 받는 스트
레스를 참고 견디다가 "너무 한심하면" 직장을 그만둔다.

이처럼 박선국씨와 최동식씨는 한국인들과 평등한 위치에서 살아갈 수 없기에 한국의 주류사회와 관계를 유지하려면 스스로 스트레스를 해소하는 방법밖에 없다고 인식한다. 따라서 자신의 인내심을 동원하여 적당히 참다가 적당히 대응하는 실천전략을 구사한다.

마지막으로 '중국인' 정체성을 강조함으로써 한국인과 평형적 관계를 유지하고자 하는 사례이다. 신화영씨는 2002년도에 유학생으로 한국에 입국하게 되었으며, 방학마다 일하던 식당에서 한국인 남편을 만나 결혼하게 된다. 그는 중국의 조선족이라고 자신을 규정하면서도, 중국어 강사로 취직하여 중국어를 가르치는 과정에서 중국 사람에 대한 학부모나 학생들의 편견에 '중국인'으로서의 정체성을 많이 드러낸다. 한 명의 중국 사람에 대한 평가로 모든 중국 사람들을 판단하는 학부모와 중국에 짝퉁이 많다면서 중국에 가기 싫다고 말하는 학생들의 발언에 반감을 느끼면서, 중국인으로서 그들의 그러한 인식에 어떻게든 반박할 논리를 찾고자 한다.

그러니까 엄마들이 중국을 보는게 중국 사람 이미지에 따라서 중국을 평가하는 거잖아. 중국 사람들이 밖에 나가서 어떻게 하면은 아 중국 사람들은 다 이런가보다 이렇게 생각을 하는 거야. 근데 솔직히 중국사람, 한국사람, 일본사람이 뭐가 틀리냐 다 좋은 사람 있고, 나쁜 사람 있고 그렇잖아. 근데 그런 걸 모르고 꼭 무슨 잘못이나 있게 되면 중국 사람은 왜 그러냐 꼭 이런 식으로 얘기를 한단 말이야. 그러면 그런 상황에서 나도 중국 사람이잖아. 그러면 나는 중국사람 한 사람 때문에 중국사람 어쩌고 그렇게 얘기를 하지 말라고 그렇게 얘기를 한 적이 있어. 그리고 애들이 나보고 중국이 짝퉁 세계라고 말하거든. 중국에는 짝퉁이 많고 자기네들은 중국에 가기 싫대. 그럼 너 왜 중국어 배워냐 그러면 엄마가 배워라니까 어쩔 수 없이 배우는거죠 하는 거야. 애들이 저 왜 중국어를 배워야 돼요 하고 나한테 질문을 해. 그러면 내가 중국에 인구가 몇 명이라고 물어봐. 그러면 애들이 13억에서 15억이라고 하거든. 그러면 너희들은 13억 인구하고 대화를 할 수 있다하면 그럼 배워야겠죠 하는거야. 애들이 중국에는 짝퉁이 되게 많다구 그럴 때면 나두 모르게 욱 하면서 니가 중국에 가봤냐, 너 중국에 한번 가보고 얘기를 하라고 그리구 짝퉁이 많은 건 중국에 인구가 많아서 어쩔 수 없다구(신화영).

동시에 그는 "한국에서 살아가는 조선족으로서 너무 중국 쪽에만 치우치면 안 된다"는 인식 하에 '조선족'이란 어떠한 존재인지에 대해 규정하고자 한다. 그는 결국 인터넷을 통해 자신의 정체성을 '고국과 모국은 한반도에 있지만 조국은 중국이다'라고 규정하기에 이른다.

나는 하여튼 조선족이라는 걸 어떻게 생각하느냐면 비록 크게 갈등하거나 그러지는 않았어. 그런데 한국에 와서 생활하면은 조선족은 어떤 민족이에요 하는 물음에 적어도 내가 대답할 수는 있어야 되겠다고 생각해서 인터넷 같은 거를 찾아봤어. 그래서 보니까 조선족은 고국과 모국은 한반도에 있지만 조국은 중국이다 라고 대답하는 게 제일 적합할 것 같아서 나는 스스로 그렇게 규정하고 있거든(신화영).

신화영씨는 자신도 모르게 '중국인'으로의 정체성을 드러냈을 뿐만 아니라 자신의 가족이 다문화 가정으로 낙인찍히게 될 때 자식에게 오는 불화 때문에 중국이라는 국가적 소속을 도구화하고자 한다. 그는 중국어를 허용하는 한국사회의 분위기가 중국어

에 능통한 사람과 원어민 강사들을 선호하고 있음을 인지하고 한
국인들 앞에서 자신이 '중국인'이라는 것을 드러냄으로써 이중 언
어의 장점을 이용하여 한국인의 존경을 받고자 하며 그들과 대칭
적인 사회적 위치를 확립하고자 한다. 이는 '중국인'이라는 자신
의 정체성을 드러내는 것을 통해 일종의 사회적 기대감을 얻고자
하는 행위이며, '중국인'이라는 국가적 소속을 도구화하여 한국에
서의 원활한 삶과 생존공간을 확보하고자 하는 전략적 행위이다.
  이와 비슷한 전략을 구사하는 실천주체가 바로 한오영씨이다.
한국인 남성과 결혼하여 현재 자식 2명을 낳은 그는 중국어 강사
를 하면 한국에서 그나마 존중받는다는 현실을 인식하고, 이중 언
어의 장점을 통해 자신의 존재가치를 실현하고 한국사회에서의
사회적 위치를 확립하고자 한다. 이중 언어는 그들이 스스로의 존
재가치를 확보하기 위한 요소일 뿐만 아니라, 자신들을 '원어민'
으로 자처하며 한국인들을 중국어 영역에서 배제시킬 수 있는 무
기로 작동하기도 한다.

> 내 지역인데, 우리 팀에 한국애가 들어온대. 그래서 내가 안 된다
> 고 내 지역인데 못 들어온다고. 아니 중국어를 원어민한테서 배워
> 야지 발음두 틀리는 한국인들한테서 배워냐고 그랬거든(한오영).

  한국인 남성과 결혼한 신화영씨와 한오영씨는 스스로를 다문화
가족으로 자처하며 한국사회가 다문화가족에게 주는 혜택을 빠짐
없이 받으려고 다양한 정보를 수집하고 있다. 그들은 베트남 등
동남아 여성들을 중심으로 하는 결혼이민정책에 불만을 품으면서

'같은 민족'과의 결혼인 조선족 여성 결혼이민가족을 우대해주길 바라고 있다. 이러한 그들의 행위는 또한 한민족 정체성을 강조함으로써 다문화가족이라는 조건을 활용하여 더 나은 삶의 조건을 확보하고자 하는 행위인 것이다.

위의 사례와 유사하게 일본이주 경험이 있는 천산씨도 '중국인' 정체성을 드러내는 것으로서 한국사회와 관계를 유지하고자 한다. 2011년에 재외동포비자(F-4)를 받고 한국에 입국한 그는 금융업에 종사하게 된다. 그가 다니는 금융업 회사는 '재미교포'가 운영하는 회사로서 '조선족'에 대한 차별이 없으며, 사장님이 그를 '재미교포'와 비슷한 정체성을 가진 사람으로 간주하고 그들과 똑같은 신분으로 대해주기에 '조선족'이라는 자신의 정체성 때문에 불편을 겪는 일은 없었다. 또한 회사의 분위기가 '중국인'을 받아주는 분위기이므로 그는 스스로를 '중국인'으로 정당화하고자 한다. 따라서 조선족에 대한 한국의 제도와 정책에는 큰 관심이 없다. 그에게 있어 한국사회와 원활한 관계를 유지하면서 스스로의 이익을 보장하는 것이 급선무이다. 때문에 한국인과의 사이에서 발생하게 되는 일을 무조건 "이상한 일"로 취급해버리는 경향이 강하다.

한국에 입국한 천산씨는 첫 회식장소에서 '연변말을 하면 잡혀간다'는 농담을 듣게 된다. 그 이후 그는 또 쓰레기를 쓰레기장에 버리려고 하는 자신을 따라오면서 신고하겠다고 하는 한국인을 만나게 된다. 이와 같은 일들을 겪은 천산씨는 한국인의 행위를 도저히 이해할 수 없어한다. 그 일이 있을 당시는 한국에서 쓰레기 단속이 한창 심할 때였고, 쓰레기봉투에 담아서 버리지 않으면 신고를 당할 때였다. 하지만 중국에는 그러한 규제가 없었고, 일본 이주 경험이 있는 그였지만 일본에서는 거리에 쓰레기를 버리지 않기 때문에 한국에서의 이질적 경험을 겪을 수밖에 없었던 것이다.

한국 사람들은 이상한 것 같아. 내가 한번은 쓰레기장에 쓰레기를 버렸어. 그런데 어떤 지나가던 행인이 어디다가 쓰레기를 버리려고 하는가 하면서 신고를 하겠다는 거야. 내가 횡단보도를 건너는데 막 따라오면서 어디다가 전화를 하는 거야. 왜 그래. 난 정말 이해할 수가 없었어. 우리는 싱겁게 그렇게 하지는 않잖아(천산).

중국에서 군인으로 있었던 54세의 최성식씨도 자신을 '중국인'으로 규정하면서 '중국인' 정체성을 강조하는 것으로써 주류사회와의 관계를 유지하고자 한다. 1990년에 한국에 입국한 그는 현재까지 건설현장에서 일하고 있다. 힘든 건설현장 일을 하면서도 시간만 있으면 그는 자신의 월세 방에서 노래연습을 한다. 노래는 대부분 중국의 혁명가요이다. 근처에 거주하는 한국 사람들의 비난으로 집에 소음방지 처리를 해놓은 그는 여전히 중국 혁명 가요를 부르는 것으로 여가를 보내고 있다. 따라서 여러 조선족 단체에 참가하여 3.8국제부녀절, 연변조선족자치주 창립, 송년회, 새해맞이 등 명절과 기념일 축제에서 중국 혁명가요를 부르는 것으로써 자신에 대한 차별에 맞서 심리적 위안을 얻음과 동시에 한국인과의 관계에서 평형적인 위치를 찾고자 한다.

한국 사람들은 우리가 중국어를 하구 중국노래를 하면 심술 낸다구. 그러고 보면 중국에서는 한족들이 우리 조선말을 한다고 해서 무시하거나 그렇지는 않잖아. 참 사람은 보금자리에 있을 때는 그것이 좋은 줄 몰라. 애처럼 부모같이 있을 때는 모르지만 떠나니까 집이 그리운 게 알린다구. 얼어보니까 태양이 좋다 사회주의가 좋다고 생각하는 거지. 법무부 사람들두 동포들을 개 돼지처럼 무시하구 그러더라구. 그때 난 확실히 마음잡았다구. 범무부 사람들까지 그렇게 하니. 정말 한국은 구멍으로 표범 보니 점하나 보이더라 하는 식이라구. 중국은 협애한 민족주의가 아니잖아. 조선족들이 차라리 중국의 한족이 돼버려야 해. 조선족이면 피곤해. 그리구 조선족들이 한국인 흉내를 내는 게 진짜 웃겨(최성식).

또한 "한국 법무부라는 정부기관의 사람들마저 조선족을 개나 돼지처럼 무시"하는 상황을 목격한 이후로 그는 자신을 '중국인'이라고 확실하게 규정하게 된다. 뿐만 아니라, '조선족'들은 차라리 "중국의 한족"으로 동화되어야 한다고 인식하면서, '중국인'의 정체성을 강조하는 것으로써 심리적 평형을 찾고자 한다.

이와 비슷하게 김범씨의 경우도 '중국인' 정체성을 강조하는 것으로써, 주류집단 구성원들과의 비대칭적 관계에서 심리적인 위안을 얻고자 한다. 한국에서 박사학위를 받은 김범씨의 경우는 자신에 대한 차별적 시선때문에 언어의 차이를 느낀 것이 아니라, 자신이 한국어가 아닌 연변 사투리를 사용하는데 대해 애초부터 콤플렉스가 있었다. 이주초기에 그는 '조선족'이라는 신분이 "창피할 일은 아니다"라고 의식적으로 생각하면서 그러한 차이를 극복하기 위해 '조선족'으로서의 당당함을 내세운다. 따라서 무조건 연변말을 사용하던 그는 연변말을 사용할 때 자신한테 몰려오는 주의의 시선에 때문에 결국 억양을 고치게 된다.

일단 억양에서 여기 와서 나름 다 서울말 쓰는데 내가 사투리를 쓴다는데 대해 주눅이 들었던 점이 있었던 것 같아요. 특히 경상도 같은 지방말씨하고는 틀리니까요. 그리고 특히 하나는 나는 맨 처음 한국에 왔을 때 의식적으로 내 조선족인 게 왜 창피하냐 나는 조선족들이 여기 와서 되지도 않는 한국어를 하면서 특히 지하철에서거나…… 나는 무조건 조선말을 했어. 그런데 요즘 와서 그게 왜 변하게 되더라. 그게 되게 이상해져 사람이. 처음에는 그냥 막 밀고 나갔거든. 우리말로 하는 게 나는 당당하다, 어디 꿀리는 게 없다 그랬는데 오래 살며 보니까 맨날 그런 시선을 받는 것도 솔직히 귀찮을 것 같아(김범).

또한 이주초기에 그에게 가장 중요했던 일은 '중국인'으로서 어떻게 행동을 해야 하며 '중국인' 입장에서 어떻게 한국인을 대해야 할지를 명확히 하는 일이었다. 한국인들이 중국문제를 담론할 때에는 방어적인 자세를 취했고 모국어가 무엇이냐라는 질문에 "모국어가 바로 중국어"라고 할 정도로 "자기방어기제가 최대한 가동"되었다.

나는 특히 중국문제에 대해서 담론할 때 처음에는 되게 방어적이었다구. 그리구 여기에 와서 내가 중국인으로서 어떻게 행세를 해야 되겠다 하는 게 되게 심했다구. 같은 동포를 만나서 반갑소 그런거는 없었어. 일단 들어와서 실생활 속에서는 중국인으로서 한국인을 대할 때 어떻게 대해야 겠는가 하는 게 가장 중요했던 것 같아. 모국어가 어디야 할 때 어느 정도 내가 배타적이었냐면은 모국어를 한어라고 했어. 지금 생각해보면 웃기는 일인지. 맨 처음 왔을 때 자기방어기제가 최대한으로 가동된 것 같아(김범).

이와 같이 그는 애초부터 '중국인'이라는 정체성을 드러냈을 뿐만 아니라, '중국인' 정체성을 빌려 한국사회와 중국사회에서의 계층적 위치를 비교하고자 한다. 비교를 통해 '조선족' 신분으로 인한 주류집단 구성원들과의 비대칭적 관계에서 심리적 평형을 이루려는 것이다. 또한 그는 중국에 돌아가면 자신들이 한국인들보다 더욱 높은 사회적 위치에 있는 존재들이라는 강한 비교의식을 가지고 있다. 즉, 김범씨는 자신을 '중국인'으로 규정함과 동시에 "한국이라는 사회에서 아무리 노력해봤자", "평생 택시기사"로 살아갈 수밖에 없는 택시기사에 비하면, 중국에서의 자신은 사회적으로 그들보다 훨씬 높은 계층의 사람이라고 스스로를 위로한다.

> 택시기사들이 특히 그래. 대하는 태도가 틀리거든. 소위 자기 우리보다 우위라는 그런 자세로 말한단 말이야. 근데 천천히 곰곰이 생각가면 아~그렇구나 그다음에 솔직히 나는 나름대로 내 마음속에 내 자부심이 있잖아라는 생각을 하지. 솔직히 사회적으로 계층이 니보다 훨씬 위다, 또 가끔 안쓰럽다는 생각이 들고 그렇게 아득바득 해봤댔자 평생 그렇게 살고 하니까(김범).

요컨대, 이 사례들은 '중국인' 정체성을 드러내는 것으로서 한국인과 평형적인 관계를 찾고자 하며, 그러한 방식으로 한국사회와 관계를 유지하고자 한다. 그 과정에서 '중국'이라는 생득적인 국가적 소속은 그들이 한국에서의 자신의 생존공간과 한국인들과의 대칭적인 사회적 위치를 확보하기 위한 도구로 사용된다.

둘째, 기존의 정체성을 강화하면서 한국 주류사회에 진입하기를 거부하는 유형이다. 먼저, 조선족에 대한 한국정부의 정책·제도를 개선하고 자유왕래를 실현하며 중국에서 성공적으로 정착하기를 원하는 사례이다. 이러한 실천을 수행하는 행위주체가 바로 조선족 연합회운영위원 김화자씨와 한희애씨다. 1994년에 한국에 입국하여 서울역에서 약장사를 하던 김화자씨는 한국인의 노점은 허락하고 '조선족'이라는 이유로 자신만 규제당하는 상황에서 한 국 교회를 찾아가 해결책을 구하게 된다. 서울역에서 약장사를 하던 그는 마침 한희애씨를 만나게 되며 그 이후 두 사람은 어떤 한 목사의 소개로 OOO교회의 조선족선교복지센터에 거점을 두고 연합회를 창립하게 된다. 연합회를 창립하고 그들은 '재외동포법' 개정을 위한 집단농성, 신용호조부 설립, 「문화공연」 등 구체적인 실천을 통해 국가적 차원에서의 정책과 제도를 개선하고자 한다.

연합회 운영위원 한희애씨는 '중국 조선족'이라는 정체성을 가지고 있다. 동시에 남북통일이 빨리 이루어져 7000만 '조선 민족'이 하나가 되어서 자유롭게 왕래 할 수 있는 날이 오기를 바라는 마음, 중국에서 태어난 중국의 국민이므로 중국이 잘 되었으면 하는 바람 등 복합적인 소속감을 가지고 있다.

> 나는 조선족들이 한국 국적을 바꾸는 것을 동의안 해. 조선족들은 현재 한국에 나와서 돈을 벌지만 앞으로는 중국으로 돌아가서 중국의 주류사회에 진입해야 해. 근데 그게 참 별래. 한국이라는 나라에는 정이 안 가고 그렇지만 또 남북이 빨리 통일돼서 이 한반도 조선민족이 잘 됐으면 부강했으면 이 생각을 하면 또 정이란게 있는 같고. 그러니까 아마 조선족들이 새로 형성된 한 개 역사집단으로서 그 이중성을 부인할 수 없는 같애. 국가는 중국국민이잖아요. 거기서 태어나고 거기서 교육받고 거기서 뼈가 굳어단 말이에요. 그러니까 거기에 대한 정이 있는 거지. 그러니까 한 개 국민으로서 중국이 참 잘 됐으면, 내 살던 나라, 그게 내 고향이잖아요. 사실 그렇고. 또 머 핏줄을 보면 이게 조상의 땅이잖아요. 조상들이 여기서 많은 고생을 겪고 그 역사를 알면서 정말 이 한반

　　도가 언제 통일이 되구 참 잘 됐으면. 우리 조선 민족들두 언제
　　하나가 돼가지구 좀 어떻게 기를 펴고 잘 살았으면 이런 생각이
　　들어요. 어쨌든 핏줄이길래. 조선 사람도 그렇구 한국사람도 그렇
　　고 조선족들두 그렇구. 같이 정말 언제 모여서 왔다 갔다 하면서
　　잘 살 수 있는 정말 분단된 나라가 있는게 아니라 통일된 나라가
　　있을 때 얼마나 좋을까(한희애).

　　이러한 소속감을 가지고 한희애씨는 역사적 자원을 동원하여
집합적 실천을 한다. 여기서 말하는 역사적 자원이란 한 개 집단
이 자신들의 존재의 '정당성'과 '당위성'을 내세우기 위해 발굴하
는 자신들의 역사에 관련된 것이며, 그런 의미에서 그것은 차이에
대한 인지와 차이의 강조로 구체화되는 것들이라고 할 수 있다.
구체적으로 말하자면 과거 조상들의 동북이주와 정착, 독립운동,
해방전쟁 및 사회주의 건설에서의 무명영웅과 모범적 역할, 민족
영웅 및 자치주 창립 등 조선족 역사와 관련된 것이다. 그들은 그
러한 집합적 기억들을 동원하여 자신들의 과거 영광에서 현재 집
단적 행동의 논리를 찾음으로써 집합적 결속을 갖추고자 한다.

　　한희애씨는 조상들이 동북지역에서 벼농사를 성공시킴으로서
척박한 땅에 뿌리를 내렸던 고난의 역사를 자랑스럽게 여기고 있
다. 그에게 '우리는 누구이며 어디서 왔는가'를 명백히 하는 일은
아주 중요한 것이었다. 따라서 그것은 자신들의 집단적 가치를 형
성하는 가장 중요한 밑거름이 되었다. 또한 그는 "우리의 조상이
과거 독립 운동가"였다는 것, "우리는 항일투쟁에서 피 흘리며 공
을 세운 자들의 후손"이라는 것, "수많은 무명영웅들이 민족독립
을 위해 중국 땅에서 목숨을 거두었다는 것"을 강조한다. 그에게

있어 이러한 것들은 조선족으로서 자긍심을 가질 수 있는 자본들인 것이다. 뿐만 아니라 그는 조선족을 3.1운동, 중국의 항일전쟁과 해방전쟁, 사회주의 건설에서 모범적 역할을 한, 중국에서 가장 깨끗하고 노래와 춤에 능한 민족으로 규정하면서 그러한 가치들을 자신들의 집합적 실천의 논리로 삼고자 한다.

> 저는 우리를 조선족이라고 부르는 게 참 좋아요. 저는 그거 굉장히 자부심을 느껴요. 어떤 사람들이 그렇지만, 조선족이 왜냐 하면 자부심을 느끼는 가면, 조상들이 중국에 가서 이래저래 이리저리 한 거 뭐 용정 3. 1운동도 하고, 항일운동도 하고 뭐 다 하다가 그리고 벼농사도 성공시키고 문화대혁명하기 전에는 중국에 조선족이 소수민족 중에서 제일 작은 민족이에요. 벼농사를 알길래 제일 잘 살았어요. 그리고 우리 조상들이 중국 땅에 가서 항일운동을 성공시켰어요. 길림성 항일 열사 중에 96%가 조선족입니다. 우리 조상들이(한희애).

연변조선족 자치주를 창립한 주덕해[40] 같은 인물은 민족영웅으로 부각되며, 연변조선족 자치주 창립 기념일 '9.3'축제도 그들이 집단적 가치를 강화하는 도구로 동원된다. 조선족들에게 중국 동북지역에 이주한 조선인들이 그 지역에 스스로 뿌리를 박고 삶의

---

[40] 주덕해의 원명은 오기섭이다. 1911.3.5일 러시아 연해주 우수리스크에서 50Km 떨어진 산골에서 가난한 농민의 아들로 태어났다. 1918년 부친이 세상을 뜨자 어머니와 함께 고향 회령으로 돌아왔고, 1920년 2월, 그의 가족들은 다시 두만강을 건너 중국 화룡현 용신사 수동골(현 용정시 신화향 승지촌)에 정착하였다. 1926년 화룡현 달라자 지역에는 조선공산당 동만도위원회 제3세포가 조직되었고, 그는 조선공산당에서 설립한 야학교를 다니면서 반일구국 사상을 접하게 된다. 그 무렵 그는 조선공산당 당원 김광진의 소개로 고려공산주의청년동맹에 가입하게 되며, 통신으로 활약한다. 1930년2월, 조선공산당의 지시에 따라 북만주지역으로 활동무대를 옮기며, 같은 해 8월 녕안현에서 중국공산주의청년단에 가입하였다. 북만주 녕안·밀산·벌리 등 지역에서 항일혁명활동을 전개하면서 이름을 강도일·김도순·오동원·오영일·주덕해로 바꾸어 불렀다(주덕해일생 집필소조」, 1988).

〈사진 1〉 조선족 연합회 연변조선족자치주 창립 52·53주년
축하잔치(2004.9.5, 조선족복지선교센터)

터전을 만든 역사적 사실은 자신들의 과거 영광인 것이다. 그리고
그것은 집단적 가치를 강화하고자 하는 조선족들에게 일종의 정
신적 지주(支柱)로 작용함과 동시에 국가적 차원에서의 제도를 개
선하기 위한 방편으로 이용된다(<사진 1>).

> 조선족 자치주를 누가 만들었는지 알아요. 주덕해라는 사람이 우
> 리 조선족들에게는 영웅이요. 그렇게 먹고 살기 힘들고……. 그 혁
> 명한 사람들이 얼마나 많아. 해방전쟁, 나라건설 목숨 바친 사람
> 들이 얼마나 많아. 무명영웅들이 수없이 많아. 다 우리나라를 위
> 해, 민족을 위해 싸운 사람들이(주경국).

> …… 이 험난한 고통 속에서도 우리는 연변을 지켰고, 연변을 발전
> 시켜왔습니다. 동북3성에서 살고 있는 조선족은 물론 북경, 상해
> 등 각 지에 분산되어 살고 있는 조선족들도 연변조선족 자치주가
> 있기 때문에 전국의 어디에 가나 자랑스럽게 생각되고 떳떳하게
> 살아가는 것입니다. 연변조선족 자치주는 중국뿐만 아니라, 해외
> 에 살고 있는 우리 민족 중 유일한 자치정부입니다. 따라서 연변
> 조선족 자치주는 해외에 살고 있는 조선족들의 자랑거리가 되고
> 세계의 조선민족의 자존심이기도 합니다. 그럼에도 불구하고 핏줄

기존의 정체성이 집합적 기억을 동원하는 객관적 요소라면 그
것은 또한 「문화공연」의 실천 속에서 더욱 강화된다. 2011년 10
월 16일 연합회가 주최했던 「가을맞이 중국동포 문화공연-9.18
만주사변 80주년 기념음악회」(이하 「문화공연」)에서도 그들은
'조선족'으로서의 정체성을 드러내고 그것을 계기로 자신들에 대
한 '재외동포법' 및 현존하는 정책의 불합리성을 제기함으로써 자
신들의 궁극적인 목표인 '자유왕래'를 위한 국가적 차원에서의 정
책과 제도를 개선하고자 한다(<사진 2>).

「문화공연」의 주제는 '9.18 만주사변 80주년 기념 음악회'였다.
「문화공연」에서는 식민지시기, 항일전쟁시기, 해방전쟁시기의 중
국가요와 북한가요가 주를 이뤘으며, 그것을 통해 자신들의 존재
감과 응집력으로 표현되는 조선족 정체성을 보여줌으로써 한국에
서의 정당한 권리를 도모하고자 하였다. 「문화공연」의 사회자 발
언에서 알 수 있듯이, 중화인민공화국의 건립, 해방전쟁, 사회주의
건설 등 역사적 사실, 중국공산당원, 혁명열사, 중국인민해방군 등
역사적 인물들은 자신들의 정체성을 재확립하기 위한 역사적 자
원의 동원요소들이다.

금년은 중국공산당이 탄생된 지 90주년이 되는 해이며 중화인민
공화국이 건립된 지 62주년이 되는 해입니다. 역사를 다시 한 번
회고함과 동시에 중국의 해방과 건설을 위해 목숨 바쳐 싸워온 혁

명 열사들을 추모하면서 위대한 중국공산당과 중국인민해방군, 위
대한 중화인민공화국을 노래하고 세계의 평화와 발전을 추진하기
위하여 재한 조선족 연합회에서는 이번 가을맞이 문화공연을 가
지게 되었습니다(「문화공연」 사회자 발언).

그들의 기존 정체성을 강화하기 위해 동원되는 상징들은 과거
자신들이 살아왔던 시대의 중국 혁명가요로 구체화된다. 그들은
「문화공연」에서 '중국공산당이 없으면 새 중국이 없다(沒有共産
党, 就沒有新中國)', '단결은 힘이다(團結就是力量)', '유격대의
노래(游擊隊之歌)', '대도행진곡(大刀進行曲)', '군민 대생산(軍
民大生産)', '갱도전(地道戰)', '남니만(南泥湾)', '홍색낭자군(紅
色娘子軍)', '송화강 강반에서(松花江上)', '홍군을 보내다(十送
紅軍)' 등 중국항일전쟁과 인민해방전쟁 시기의 중국 혁명가요를
선정하여 불렀으며 그것을 통해 자신들이 살아왔던 과거의 고난
과 기억들을 생산해냄으로써 존재의 '정당성'과 '당위성을' 드러
내고자 했다.

연합회 회원들의 평균연령이 50대 중반 이상이므로 중국에서
그러한 사회적 배경 속에서 살아왔던 그들에게 위에 나열된 가요
들은 너무 익숙한 것이었다. 따라서 너나없이 동질감을 표하며 흥
겹게 부를 수 있는 가요였기에, 그들의 기억을 생산해내고 그것을
집단적 행동의 자원으로 동원하기에는 충분한 것이었다. 설령 그
시대를 살지 않았던 조선족들이라고 해도 「문화공연」이라는 실천
을 통해 '중국 조선족'이라는 정체성을 확립하게 되는 것이다.

〈사진 2〉 조선족 연합회 가을맞이 중국동포 문화공연(2011.10.16, 은평문화예술회관)

　중국 혁명가요 뿐만 아니라, 한국 노래 '반달', '선구자', 북한 노래 '해마다 봄이 오면' 등도 중요하게 선택되어 불리는 노래들이다. 그리고 한국가요 중에서도 남북의 통일을 갈망하는 '금강산을 그리며'가 선택되었다. 「문화공연」에서는 '나라 잃은 민족의 설음과 조국애의 뜨거운 동심'을 표현하는 노래, '선구자의 강인한 의지와 개척정신'을 표현한 노래, '한반도가 남북으로 갈라지면서 아름다운 금강산을 그리워하는 심정'을 담은 가요들이 선택되었다. 그들은 이러한 가요들을 선정함으로써 조선족들의 '선구자'로서의 '강인함'과 '용감함', '분단의 현실에 대한 안타까움' 등 역사적 기억을 생산해내고자 한다. 또한 그러한 행위를 통해 남북한 분단의 역사적 맥락 속에는 한국인, 북한인 외에 '조선족'이라는 하나의 또 다른 집단이 있고 그러한 집단이 어찌 보면 남북한 통일의 중개자 역할을 하는 집단일 수도 있다는 '집단적 가치'를 창출해내고자 한다.

‘반달’에 대한 소개: 동요 ‘반달’은 작가가 일제시대 어린아이들이 일본의 동요를 부르는 것을 보고 분개하여 창작한 것으로서 당시 나라 잃은 민족의 설움과 빼앗긴 조국애의 뜨거운 동심의 세계를 표현하고 있습니다. 1923년에 창작되어 이미 근 90년이란 역사가 지나갔지만 한국뿐 아니라 중국, 조선에서 지금까지 즐겨 부르는 노래입니다.

‘선구자’에 대한 소개: ‘선구자’는 중국 지금의 연변 화룡, 용정을 배경으로 벌판을 말로 달리던 옛날 선구자의 모습을 그리며 작곡한 것으로, 강인한 의지와 선구자의 개척정신이 잘 표현되어 있는 노래입니다.

‘금강산을 그리며’에 대한 소개: 1962년에 창작된 ‘금강산을 그리며’는 조선 한반도가 남북으로 갈라지면서 아름다운 금강산을 그리워하는 심정을 담은 노래입니다(「문화공연」 사회자 발언).

　3층 활동실에서 「문화공연」을 위한 ‘노래연습’이 끝나고 사무실에 돌아온 한희애씨와 임원들은 자신들이 ‘재외동포법’ 개정운동을 진행할 때 사용했던 중국 국기를 꺼내서 연구자에게 펼쳐 보임과 동시에 당시 불렀던 ‘조선족의 노래’[41]와 ‘해방가’[42]를 불러주었다(<사진 3>). 그들에게 중국 국기는 자신들의 정체성을 재확립하기 위한 징표이며, 조선족을 중심으로 개편한 노래가사는 자신들의 기존의 정체성을 강화하는 것을 통해 한국에서의 정당한 이익을 도모하고자 하는 의지를 보여주는 것이었다.

---

41) ‘조선족의 노래’는 ‘늙은 군인의 노래’를 개편한 것이다. 나 태어나 이 세상에 조선족 되어/불법체류 강제추방 수난의 세월/무엇을 하고프냐 무엇을 바라느냐/동포답게 살고 싶다/동포로 인정하라/아! 꿈에 그린 완전한 자유왕래/동포법 개정하여 평등하게 살아보자.

42) (1절)어둡고 괴로워라 밤이 깊더니/산천이 이 강산에 먼동이 튼다/동포여 자리차고 일어나거라/산넘고 바다건너 태평양까지/아 아 자유의 자유의 종이 울린다/(2절)어둠아 물러가라 연해안 건너.눈물아 한숨아 너희도 함께/동포여 두 손 모아 만세 부르자/황막한 시베리아 벌판을 넘어/이 이 해방의 해방의 깃발날린다/(3절)유구한 오천년 우리의 역사/앞으로도 억만년을 더욱 빛내리/동포여 어깨곁고 함께 나가자/억눌린 우리 민족 해방을 위해 /아 아 투쟁의 투쟁에 이름 바치리

〈사진 3〉 조선족 연합회 가을맞이 문화공연 노래연습(2011.6~9월,
조선족연합회)

2012년 3월부터 그들은 '우리집' 부근의 건물 5층을 200만원의 월세로 임대하여 「문화공연」을 위한 연습장소로 이용하고 있다. 한·중 수교 20주년, 연변조선족자치주 창립 60주년을 맞아 「문화공연」 준비를 그 곳에서 매주 주말 10시부터 5시까지 하고 있다. 그들은 조선족 '문공단'(文公團)[43]을 형성하여 문공단의 문화공연을 통해 '중국 조선족'이라는 기존의 정체성을 강화하는 것으로써, 조선족에 관련된 한국의 제도와 정책을 개선하고자 한다.

---

43) 文工团은 노래, 무용, 연극 등 여러 가지 형식으로 홍보활동을 진행하는 종합성을 띤 문예
단체를 말한다.

조선족들이 자체적인 문공단 문공대가 있어서 정말 조선족 정책 문제를 가지고 노래도 하고 이렇게 조직해서 조선족들이 집결된 곳에 가서 소형 대형 공연도 하고. 문예는 대중적인 것이고 많은 사람을 깨우칠 수 있는 문예가 돼야 되는데, 한국에 와서 배운 것은 무엇인가, 사랑 외에는 없어요. 그러기에 우리는 작년 문화공연 때 느낀 게 굉장한 부담감 가지고 문예공연을 했잖아요. 그런데 거기 참가한 사람들은 모두 매우 격동되고 매우 기뻐했어요. 원인은 사람들이 갈망하는 거는 똑같게 살아나가자는 게 목적이지 힘들어죽겠는데 내 권리도 없는데 언제 사랑타령하고 있겠어요. 그래서 거기서 제가 계발을 받은 게 올해는 이렇게 하고 우리가 경제적 힘이 좀 되면 문공단이나 문공대를 조직해가지고 한국사회를 파들어가고 어디와 연계를 가지고 연출도 하고 우리 꺼 전달해주고 알려주는 거 이 작용 문예자체가 그런 작용을 해야 된다고. 우리가 만약 신용호조부도 잘 되고 경제적인 발전이 있다고 하면, 조선족의 마음을 전달할 수 있는 그런 문공단, 우리 자체적으로 노래도 창작하고 가사도 만들어 넣고. 이렇게 돼야 조선족이 한국사회에서 알려지고 중국의 문화도 여기 와서 알려주고 그런 작용을 하고자 하면 단순히 투쟁하지만 말고 이런 방식으로 하는 것도 중요한 부분이거든요(한희애).

연합회에서는 또한 역사적 교육을 통해 집합적 기억들을 공유하고자 한다. 연합회에서 회원들에게 진행하는 역사적 교육은 구체적으로 조선족의 이주역사, 과거 조상들의 성공적인 정착, 조선족의 한국이주와 동기, 한국에서의 성공적인 정착 등에 관한 것인데, '우리는 어디에서 온 누구인가', '우리 조상들은 어떠한 사람들이었는가', '현재 우리의 상황은 어떻게 형성되어갔는가', '돈을 벌어서 무엇을 할 것인가' 등에 대한 해답을 회원들 스스로 찾아가게 함으로써 그들로 하여금 스스로의 정체성을 찾아가게끔 한다. 실제로 연합회 활동에 참가하는 회원 및 비회원들은 연합회는 자신들에게 '우리집'과 같은 공간이고, 활동에 참가할 때마다 자신의 정체성에 대한 생각이 바뀐다고 말한다.

그러니까 우리가 저 뭐 저 한국의 역사에 대해선 잘 모르지만 음 조선족! 우리는 왜 조선족이라 했는가? 거기에 대해서 물음표를 달게 되고. 또 우리 조상들은 왜 여기를 버리고 저기를 갔는가. 가서 뭘 했는가. 해서 어떻게 성공 했는가. 그래고 우리는 왜 또 여기를 왔는가. 와서 올 쩍에는 무슨 동기로 왔는가. 와서 뭐 해야 되겠는가. 그게 거 요 문제들을 가지고 좀 다릅니다. 와서 뭐 해든가. 뭐 성공해야 되겠는가. 이게 다른 단체하고는 좀 다릅니다(한희애).

결국, 역사적으로 형성된 두 집단이 경합하는 과거는 서로를 부정하는 측면을 강조하게 되고, 때로는 상대방의 주장을 반박하기 위한 이야기 거리나 역사적 기억을 새로이 강조하게 되는데, 망각되었던 기억들을 공유하기 위한 전략들이 한국의 정치경제적 맥락에 놓이지 않았다면 쉽사리 구사되지는 않았을 것이다. 집합적 기억이 현재의 필요에 의해 구성된다고 한다면, 그러한 집합기억이 구성되기 위한 도구로써 역사가 동원되었던 것이다.

역사적 자원을 이용하여 국가적 차원에서의 정책과 제도를 개선시키고자 하는 연합회의 실천내용들은 구체적으로 '재외동포법' 개정을 위한 집단농성, 신용호조부 설립, 제도개선을 위한 노력 등으로 구성된다.

연합회의 '재외동포법' 개정운동에 대해 살펴보도록 하자. 2000년에 창립된 연합회의 '재외동포법' 개정운동은 조선족 선교복지센터에 안식처를 두고 종교단체와 협력하여 공동의 의제를 위해 투쟁하는 방식으로 진행되었다[44].

한국 정부는 "IMF 사태 이후로 신자유주의적 질서 재편 과정 속에서 해외 자본을 유치하고 한국의 경제희생에 대한 재외동포의 동참을 유도하기 위하여, 1999년에 "재외동포법"을 제정하게 된다. 하지만 그동안 국민의 범주 바깥으로 배제 당했던 재외동포에 대해 탈영토적 재국민화를 시도하고자 했던"(윤영도, 2011: 205), '재외동포법'은 지금처럼 재외동포가 국가를 기준으로 분류되는 상황을 초래하게 되었다.

이러한 상황에서 1999년 6월 6일, 서경석 목사가 창립한 서울조선족교회에서는 2000년부터 조선족의 국내 체류 합법화와 관련된 목소리를 높였으며 "고국이 피해자들을 우선적으로 입국시켜 합법적으로 일할 수 있게 하는 것이 이들에 대한 보상이라고 호소하였다"(한국경제, 2000.3.24일자). 당시 "서울조선족교회의 관심사는 오로지 조선족, 조선족의 합법화, 동포, 민족 등이었고, 계속되는 호소와 조선족의 동포지위에 대한 이슈화로 더욱 많은 조선족이 서울조선족교회에 등록하게 되었다. 서울조선족교회를 중심으로 진행한 조선족 교인들의 '인정투쟁은 민족적 동질성을 강조하면서 주류에 포섭되기 위한 투쟁이었다"(박우, 2011: 249－253). 여기서 말하는 주류는 재미교포 등을 일컫는 주류 동포집단이었다. 또한 2000년 1월, 김해성 목사가 세운 '중국동포의 집'도 "조선족을 '모국의 노동자'로 보고 있었으며 이들에게는 응당 동포지

---

44) 1999년까지 한국의 외국인 노동자를 위한 인권단체 중 90%가 종교단체였다(국민일보, 2001.3.24). 한국 종교단체의 '재외동포법' 개정운동의 과정에 대해서는 박우(2011)의 논문 참조바람(박우, 2011, 「한국체류 조선족 단체의 변화와 인정투쟁에 관한 연구」, 『경제와 사회』제91호, 비판사회학회, pp. 241－268).

위가 부여되어 한국과 중국을 자유왕래하게 해야 한다"고 주장했
다"(동아일보, 2001.12.3일자).

이 시기 종교단체는 '민족'이라는 변수를 통해 조선족을 묶기
시작했고, 종교단체와의 협력 속에서 항의농성을 한 조선족들은
"이 법률이 550만 명 재외동포의 절반 이상을 차지하는 조선족
중국 동포, 구 소련지역 동포, 무국적 재일동포를 적용대상에서
제외되었다. 해방이전 나라가 없어 강제징용이나 강제이주를 당해
야 했던 동포들을 이제는 조국의 정부가 버리고 있다"며 "대통령이
이 법에 대한 거부권을 행사해 달라"고 요구했다(박우, 2011: 248).

연합회도 이 시기 '미국으로 간 재미교포만 동포이고 독립운동
을 하고자 만주·연해주로 간 사람들의 후손은 왜 동포가 될 수
없는가'라는 논리를 집합적 실천의 정당성으로 삼으며, 집단농성
에 조선족들을 적극적으로 동원하고자 하였다(<사진 4>). 연합
회의 실천논리는 당시 한국 종교단체의 단일민족국가 이데올로기
와 맥을 같이 한다. 바로 '재외동포'는 모두 한민족 공동체의 구성

〈사진 4〉 '재외동포법' 개정운동 과정(1999.11 - 2004.2)

원이며 대한민국을 구성하고 있는 한민족은 하나의 단일민족이라
는 논리이다. 이러한 논리에는 단일민족이 하나의 국가를 구성하
며 대한민국이 바로 한민족이라는 국가와 민족을 동등하게 보는
의식이 자리 잡고 있기 때문에 이 논리를 따라갔을 때 그들의 운
동은 한국 국민이 되기 위한 운동과 다름이 없게 된다. 다시 말하
면 조선족들은 중국 국민으로서 한국에서의 응당한 권리를 추구
한 것이 아니라, '한민족'으로서 한국에 자신들에 대한 평등한 대
우를 바라는 것과 다름이 없다. 그들의 그러한 행동들은 스스로를
두 국가의 사이에 낀 존재가 되도록 만들었다.

연합회는 종교단체와의 협력 속에서 많은 이념적 갈등을 겪고,
점차 종교단체에서 분리되어 독립적인 길을 걸었다. 김화자씨는
매스컴을 너무 타는 종교단체를 부정적으로 생각하면서 "연합회
설립당시 교회 목회자들의 도움을 많이 받았지만 규모가 커지면
서 동포들의 신앙에 대한 기본적인 사고방식 자체가 다양해 지금
은 목회자와의 연대는 하지 않고 있다"고 밝혔다(노컷뉴스, 2011.6.15).

조선족선교복지센터와 결렬한 이후 그들은 2006년에 홍제동에
3층짜리 건물을 임대받아 '우리집'을 개원하였으며, 자신들만의
활동공간을 만들어갔다. '우리집'은 지하까지 모두 4개 층으로 되
어 있는데, 지하는 식당이고 1층은 사무실, 2층과 3층은 숙소이다
(<사진 5>). 지하 식당에서는 식사를 제공하며 한 끼 식비가 회
원이 2000원, 비회원이 3000원이다. 16개 단칸방으로 구성된 숙
소는 5-6명이 비집고 누워야 하는 공간이었다. 벽에는 나무를
박아서 짐들을 올려놓는 공간을 만들었고, 나무 위에는 10개 정도

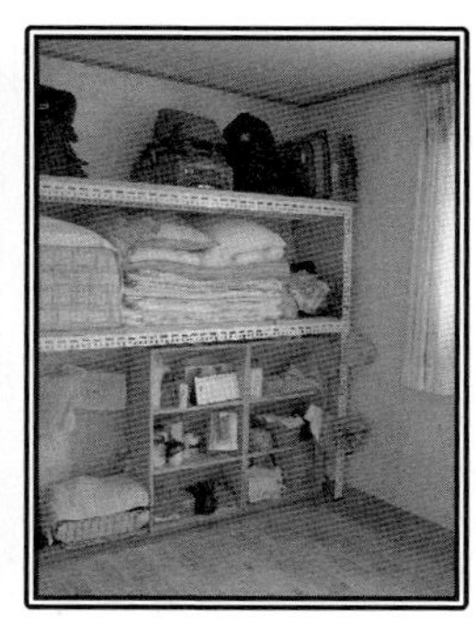

〈사진 5〉 조선족 연합회 우리집(2011.7.19/무악재역 1번 출구
조선족연합회)

의 트렁크들이 빽빽이 자리 잡고 있었다. 이러한 공간에서의 하루 숙박비는 회원이 3000원, 비회원이 5000원이고 짐을 보관하려면 하루에 500원씩 별도로 돈을 지불해야 한다. 3층 활동실에는 자체적으로 구매한 TV가 벽 한편에 배치돼있었고, 벽 주위에는 그동안의 활동사진들이 붙어있었다.

'우리집'을 개원한 이래로 연합회에서는 자유왕래'의 최종목표를 염두에 두고 신용호조부를 자체적으로 운영하고 있다. 한희애 씨는 경제적인 독립이야말로 '조선족' 정체성을 확립하는 가장 큰 조건이라고 여기면서 "재일동포들이 신한은행을 설립한 것처럼 한국에 중국동포를 위한 금융회사를 설립"하는 것을 자신들의 경제적 방면의 궁극적인 목표로 삼고 있다.

신용호조부는 방문취업제가 실시되기 이전 브로커에 줄 돈을 마련하지 못해 연합회를 찾은 한 조선족에게 연합회 임원들이 돈을 모아 빌려주게 된 일을 계기로 설립된 것이다. 연합회에서는 한 명 두 명 찾아들기 시작한 조선족들에게 주먹구구식으로 돈을 빌려주는 것은 한계가 있다고 판단해 신용호조부를 설립하게 되었다. 신용호조부의 운영 원리는 다음과 같다. 연합회는 적금회원과 대출회원 사이의 중개자로서 기금 조성을 위해, 대출한 이들에게서 받은 2%이자에서 1.5%는 빌려준 이들에게 이자를 지급하고 나머지 0.5%는 연합회가 수수료로 가져간다. 대출대상은 무조건 연합회 회원이어야 하고 2명의 보증인이 꼭 있어야 하며 보증인은 신용호조부에 돈을 적금한 자여야 한다. 대출한도는 1인당 500만원이다. 특별한 사정이 있는 이들에게 그 이상 대출도 가능하지만 그럴 경우 보증인을 더 많이 세워야 한다. 처음에 이러한 신용호조부는 다단계로 오해받기도 했지만 대출자와 적립자의 어김없는 신용으로 인해, 2008년 말 3억원이었던 기금이 2011년 말까지 10여억 원으로 급속하게 증가되었다. 연합회의 목표는 2012년 말까지 30억을 돌파하여 우리 금고를 세우는 것이다.

이와 동시에 연합회는 국가적 차원에서 제도와 정책을 개선하기 위한 실천들을 해왔다. 2010년 7월부터 시행된 기술연수제도를 폐지시키기 위해 2010년 기술연수제도에 참가한 조선족들의 고충이나 어려움을 문서로 작성하고 서명을 한 자료들을 국회로 찾아가서 국회의원실에 넣는 등 노력들을 하였다.

> 동포들한테 이런 되지도 않는 정책을 내놓고. 연수, 연수하는데 그거 하는 게 몇이나 되는가구. 가서 다 잠이나 자고. 우리가 서명운동을 한거는 ○○○한테 가서 우리가 이렇게 동포문제를 끌구가서는 안 되겠다 그래서 ○○○을 부르고 킨에서 주도를 하고 그

리고 우리하고 이렇게 함께해서. 연합회에서 기초자료를 만들어라 원시자료를 달라 그래가자고 좀 쓰고 또 국회의원실을 방문했지. 2층부터 8층까지 국회의원실을 한 칸 한 칸 다 방문했어요. 그때 우리가 계속 반대하니까 국회의원실을 방문하기 전에 연수제도가 9개월에서 6개월이 됐어요. 그리고 우리가 2010년 총회를 할 때, ○○○국회의원을 끌어들였어요. 어찌나 국회의원을 끌어들여야 문제가 해결되잖아요. ○○○국회의원이 우리 총회에 와서 참석했어요. 참석하고 그날에 서명지를 나누어주고 모두 서명을 받았지요. 그 전에도 서명을 받고. 어찌나 이 연수제도가 나오자마자 반대했어요. 우리가 반대를 하니까 국회에서 마지막에는 6주. 그게 우리한테 해결을 꼭 해주겠다고 법사위까지 올라갔다는 국회사무총장한테서 그런 공문이 왔어요. 방문한 자료를 다 봤으니까 유관부서 내려 보내고 조사하겠다고. 그때 기술연수지원단에서 감사를 받았대요. 법무부안에 감사가 있대요. 그래서 말썽이 참 많고(한희애).

연합회는 연수생연합회, 동포신문사 등 기타 단체의 반대운동이 실패한 상황에서 한국의 동포정책이 그릇된 것이라면 "목이 날아가더라도" 반대하여 올바르게 잡아야 한다는 의지로 지구촌동포연대(KOREAN INTERNATIONAL NETWORK), 중국동포희망연대와 힘을 합쳐 끝까지 연수제도를 변화시키는 노력을 해왔다. 변화를 이끌어낸 이러한 행동들은 실천주체들로 하여금 "열심히 하면 자신들에 대한 정부의 시선이 달라지고", 따라서 견고해 보이는 구조적인 측면들도 변화될 수 있다는 변화의 가능성을 발견하도록 하였다.

…… 우리가 이렇게 해서는 안 되겠다 해서 왜냐하면 이 사람들이 겨우 한국에 왔는데 그 권리도 박탈당할까봐 벌벌 떨면서 밑지면 어쩌겠니 돈 좀 팔더라도 시세를 타자 이거 머 소를 끌고 도살장 가는 식이지 머. 그런 형태가 되니까 할 수 없이 우리가 나선 거

죠. 그리고 그때 연수제도를 적극적으로 반대한 게 OOO신문사였
어요. 신문사에서 토론회도 가지고 연속 1,2,3 세 번이나 연수제도
를 때리는 게 나왔어요. 그다음에 법무부에서 신문사에 똑같게 우
리한테 압력을 넣는 것처럼 압력을 넣었어요. 그래서 신문사는 딱
그만 두고 연수제도가 좋다는 광고만 내는 거에요. 그래서 방법이
없어서 하자면 의지가 있어야 되는데, 옳다고 생각되면 목이 날아
나더라도 해야 되지 않겠는가. 그래서 킨하고 우리하고 OOO하고
마지막에 셋이서 자료를 해가지고 국회를 쳐들어갔지 머. 우리는
그냥 조선족에 대해서 되지도 않는 제도를 시행하려고 하니까, 우
리는 동포정책을 올바르게 해 달라 편안하게 해 달라 그것 밖에
없어요. 퇴직한 법무부 출신들이 대부분입니다. 그런 사람들이 거
기 가서 자리를 틀어잡고 하는데 연수제도는 이제 한물이 갔지만,
F−4비자를 준다는 것도 그 연장선상에 있는 거죠. F−4는 동포비
자에요. 동포라면 자격증이 있든 없든 줘야 됩니다. 그렇지 않아
요. 안주려면 아예 주지 말고. 주겠으면 주고. 이렇게 돼야 되는데
(한희애).

　　다음으로, 스스로를 '중국 조선족'으로 규정하면서, '조선족' 신
분을 숨기며 살아가는 사례들이다. 28세의 김자영씨와 함영수씨
가 이 유형에 속한다. 2011년에 한국에 입국한 김자영씨는 옷가게
에서 아르바이트생으로 일하게 된다. 그 과정에서 그는 옷가게 주
인에게서 자신의 신분을 감추라는 조언을 듣게 된다. 아래의 이야
기는 '조선족'으로 살아가고 싶지만 신분을 감추어야 하는 현실에
대한 그의 심경을 잘 보여준다.

어떤 옷가게에서 알바를 했는데 그 면접할 때 가게 주인이 내 보
고 중국분이라는 말을 하지 말라고 손님들한테. 조선족이라는 걸
알게 되면 나쁘다는 게 아니고 조선족 이미지가 좀 그렇기 때문에
손님들한테 조선족이라는 걸 알려서는 아이 된다고 그랩데다. 그
때는 아……. 이게 뭐지 하는 그런 생각…… 왜 우리 민족은 이 땅

에 와서 다른 미국 일본에 가서도 부끄럽지 않게 말해도 되는 민
족성분을 이 혈육이 그래도 일맥상통하는 나라에서 제대로 밝히
지도 못하고 일하는 건지 하는 그런 의아함. 그리고 억울함 그런
정서가 있었습다. 아예 생김새가 베트남여자처럼 생기면 혹은 아
예 조선족이 아니라면 심경이 덜 복잡할거라는 생각이 들더군요
(김자영).

그는 '조선족' 신분을 감추라는 한국인의 조언에 '위축감', '비
하감', '혼란스러움'을 느끼면서 차라리 "베트남 여자처럼 생겼더
라면 덜 복잡한 심경이었을 것"이라고 밝혔다. 이러한 경험이 있
은 이후 그는 한국에서 '조선족'이라는 자신의 신분을 감추고자
한다. 따라서 그는 '북한이탈주민'과 똑같이 국경을 넘은 조선족
들을 그들과 차별하면서 비인간적 대우를 하는 현실에 불만을 품
으면서 자신을 '조상이 한반도에서 이주하여 온 중국 조선족'이라
고 규정한다. 그에게 있어 조선족은 중국에서든 한국에서든 '조선
족'으로서의 민족적 위치를 찾아야 하는 존재인 것이다.

왜 한국은 북한 탈북자만 난민이라고 생각하고 일도 아이 시키고
생활비 대주죠. 왜 그렇다면 북한 탈북자하구 조선족에 대한 차별
이 이리 심합니까. 나라가 그 당시 제 구실을 못하여 백성을 밖에
내몰았을 때 조선족들은 그때 당시 먹구 살기 위해서 두만강을 뛰
어넘었지 않습니까. 지금 북한사람들도 탈북하고, 그때 당시 나간
조선족들이 다시 이 나라로 들어 왔는데 왜 그럼 북한사람하고 조
선족들에 대한 차별이 이렇게 심합니까. 조선족들은 왜 이런 비인
간적인 대우를 받아야 하고 차별을 당해야 하는가. 같은 대우는
안 해줘도 적어도 인간적인 대우는 해줘야 하지 않겠습니까. 이게
선진국 혹은 그렇게 민주를 외치는 한국에서 나와야 할 태도입니
까(김자영).

위의 김자영씨와 유사하게, 42세의 함영수씨도 자신의 신분을
감추고 '한국인'으로 위장하고 살아간다. 1945년이전 흑룡강성이
나 요녕성으로 이주하여 간 조선인들은 대부분 경상도, 평안도,
전라도 사람들이었으므로 그들의 언어적 억양은 경상도, 평안도,
전라도의 억양과 비슷하다. 그러한 이유로 그들은 한국인들에게
지방에서 온 '한국인'으로 간주되며, 따라서 그들이 '조선족'이라
는 신분을 감추는 일은 상대적으로 용이하다. 중형 마트의 점장직
을 맡은 함영수씨는 '조선족'이라는 신분을 줄곧 감추어 왔을 뿐
만 아니라 아예 '한국인'으로 살아왔다.

'조선족'이라는 신분으로 한국에서 살아가는 데 너무 많은 불편
함을 느낀 그는 차라리 처음부터 '한국인'이라고 주위사람들을 속
이면서, 점장 자리에까지 올라갔다. '조선족'이라는 신분이 밝혀
지면 한국인 직원을 다스리기 힘든 사회적 분위기를 파악하고 자
신의 신분을 처음부터 깊이 감춰왔던 것이다.

> 내가 한국에 온지 10년이 넘는데 사람들은 내가 한국인인줄로 알
> 아. 점장만 내가 조선족인줄 알고 다 몰라. 처음부터 나는 조선족
> 이라고 하지 않고 경상도에서 왔다고 했지. 조선족이라고 말하면
> 모든 일이 힘들어져. 직원들도 말을 잘 안 들을 것이고. 그래서 그
> 냥 한국인이라고 하려고(함영수).

이러한 그의 행위는 한국인들이 외국인임을 알아차리지 못하는
외형적 우세를 빌어 차별적 시선을 비껴가고 평등한 성원이 되고
자 함을 추구하는 의지가 내포되어 있는 전략적 행위이다. 하지만

'한국인'으로 위장하고 살아가면서도 그는 '중국 조선족'이라는 자신의 정체성을 유지하고자 한다. 한국인들 앞에서 자신마저 '조선족'임을 망각할 정도로 '한국인'으로 변신하지만, 한국인들과는 "이상하게 친해질 수 없다"고 말하면서 어느 순간부터 '조선족'과의 만남을 더욱 선호하게 된다.

마지막으로, '조선족'이라는 기존의 정체성을 잠재적으로 보유하고 있으면서 한국인과 충돌시 정면으로 대립하거나 한국인과의 인간관계를 단절하는 사례들이 있다. 유광수씨와 김춘희씨가 이 유형에 속한다. 유광수씨는 '조선족'이라는 잠재적인 인식을 가지고 있으면서 한국인들과의 접촉에서 충돌과 갈등이 생기면 바로 "한국 사람들은 xx한데, 거기에 비하면 우리 조선족들은 xx하다"라는 문법을 구성하면서 한국인과 정면충돌한다. 정면 대립을 하게 되지만, 대부분의 경우는 "조용히 돈만 벌어서 중국으로 돌아가는 것을 상책"이라고 여기면서 조선족과의 만남에서 정서적 안정을 찾는 것으로 만족한다.

54살의 김춘희씨도 한국인과 모순이 있은 후로 한국인과의 관계를 단절하게 된다. 그는 연변의 농민출신이다. 농촌에서 농사를 지으면서 살아가던 그는 한 남자와 사랑에 빠지게 되지만 부모님의 반대로 3년 연애 끝에 헤어지게 된다. 첫사랑과 헤어진 그는 자신의 상처를 치유하고자 홧김에 두메산골의 농사꾼에게 시집을 가게 된다. 농촌에서 돈이 되는 일이면 고생을 마다하지 않고 해오던 그는 2002년에 한국으로 입국하게 되며 한국에 입국한 그는 우연한 기회에 이루지 못한 '첫사랑'을 한국에서 만나게 된다. 그 이후부터 그에게 중요한 것은 첫사랑과의 만남을 더욱 오래 동안 지속시키는 일이었다. 핸드폰 배경화면으로 설정한 첫사랑의 사진을 연구자에게 보여주며 행복한 표정을 짓는 그는 뒤늦게나마 이루어진 사랑 때문에 세상을 얻은 기분인 것 같았다. 그러면서 그는 '첫사랑'의 비자가 곧 만료된다는 사실에 너무나도 슬퍼하면서, 연구자에게 해결책을 좀 마련해줄 수 없는가를 애원할 정도였다. 2시간이 넘는 인터뷰는 모두 그의 사랑이야기로 점철되었다.

이처럼 김춘희씨에게 중요한 것은 일, 가족, 사랑으로 구성되는 일상이다. 하지만 아래의 구술에서 알 수 있듯이, 그는 '조선족'이라는 잠재적인 정체성을 보유하고 있으며 단 한 번의 접촉경험으로 인한 모순 때문에 한국 사람들과의 인간관계를 단절하고 조선족들과의 만남을 더욱 선호하게 된다.

한국에 와서 적응돼서 좋다고 하면서도, 한국 사람은 아직까지 싫어. 같은 민족이라고 해도 중국에서 온 사람들이 그래도 말 한마디라도 믿구 말하고 싶지 한국 사람들하고는 말하고 싶지는 않단말이야. 왜 그런지 믿음이 안 가. 내가 크게 친해는 못 봤는데, 식당에서 일 해보면 한국 사람들이 너무 속이 다르고 겉이 다르더라고. 왜 그렇게 생각하게 됐냐면은, 내가 딸과 같이 식당에서 먹고 자고 했는데, 사장이 어느 날 아침 영업을 하자 하더라고. 돈 좀 더 주고. 우리가 거기서 자고 하니까 다 준비하고 아침 8시면 문을 열어야 돼. 그래서 맨날 5분전 8시면 문을 열지. 그런데 한번은 오피스텔에 종합장이라고 나이 좀 있는 아줌마인데, 우리는 딱딱제 시간에 문을 열었는데, 우리 사장님하고 그러더래. 자기 아침에 밥 먹으러 왔는데 문을 안 열었더라고. 그날 아침에 문을 열어서 계속 단골로 다니는 아저씨가 아침을 먹고 갔는데, 아침에 자기가 오니까 문을 안 열었다고 그러더라고. 그렇게 우리를 씹는단말이야. 그 다음부터는 이 한국 사람들은 속 다르고 겉 다르고 믿을 거 아니다 라고 생각했지. 내 그다음부터는 한국 사람이라면 질색 한단데. 한국 사람한테 믿음이 안 가(김춘희).

요컨대, 이 사례에게 중요한 것은 일상을 살아감에 있어서의 행복, 안락함이며 한국인들과 충돌이 생겼을 때에 그들은 바로 '조선족'이라는 정체성을 강화함으로써 한국사회와 관계를 단절한다.

셋째, 기존 정체성을 거부하면서 한국 주류사회에 진입하려고 하는 유형이다. 이 유형에 속하는 행위주체들은 '조선족'이라는 기존의 정체성을 거부하고 한국사회에 완전히 통합되려고 한다. 강미옥씨가 바로 이 유형에 속한다. 1998년에 한국인 남성과 결혼하여 한국에 입국한 강미옥씨는 3년 결혼 생활 이후 이혼을 하게 되며 2000년도부터 한국국적으로 한국에서 살아가게 된다.

강미옥씨는 앞의 두 유형과는 달리, 한국에 거주하는 조선족들의 저급한 행동거지나 촌스러운 옷차림, 분수에 어긋나는 발언들을 한국국적을 취득하고 한국 국민으로 살아가는 조선족들의 이미지에 손상 주는 행위라고 인식하면서 '조선족' 집단으로부터 벗어나고자 한다. 뿐만 아니라 문화적으로도 이미 한국에 적응한 그는 더 이상 중국에서 살 수 없다고 판단한다.

따라서 자신의 국가를 '한국'이라고 인식하고 있으며 스스로를 '한국인'으로 규정하고 있다. 그러나 대부분의 경우 자신이 완전한 '한국인'이 아님을 자각하게 된다. 왜냐하면, 한국인과의 첫 만남에 조선족이라는 사실이 드러나기 때문이다.

첫 인사에 한국인들이 자신이 조선족임을 알아차리는 일은 여전히 한국사회에서 살아감에 있어 가장 불편한 점이다. 그래서 만일 상대방이 자신의 신분을 확인하려고 하지 않는다면 굳이 조선족임을 밝히려고 하지 않는다.

여기서 짚고 넘어가야 할 것은, '조선족' 정체성을 부정하며 '조선족' 집단으로부터 벗어나고자 하는 의지가 그의 생존전략과 불일치를 이룬다는 것이다. 그것은 그가 조선족들을 대상으로 마작 가게를 운영하며 자신의 생존에 필요한 자본을 마련하고 있기 때문이다. 또한 '한국인'이라는 귀속의식 즉 변형된 국가적 귀속이 때로는 변하지 않은 '애국심'과 불일치를 이룬다. 강미옥씨의 이야기에서 그러한 사실을 잘 알 수 있다.

넷째, 기존 정체성도 거부하고 한국 주류사회의 진입도 거부하는 유형이다. 이 유형에 속한 사례가 바로 28살의 정금화씨다. 정금화씨는 2006년에 유학생으로 한국에 입국하여 2008년도에 석사학위를 취득하고 한국의 모 유명한 회사에 취직하게 된다. 유학생 시절부터 그는 한국인의 차별을 받은 적이 없었으며, 그러한 이유로 '조선족'임을 자각할 일도 별로 없었다. 또한 현재 다니는 회사에는 유럽 혹은 미국의 동포들이 많기에, 그들은 정금화씨의 출신배경에 대해 전혀 신기하게 생각하지 않는다. 왜냐하면, 그들에게 있어서 정체성 혼란을 겪는 일은 극히 정상적인 일이기 때문이다.

> 걔네들 자체가 한국인지만 유럽 혹은 미국에서 태어난 애들이어서 걔네자체가 원래 정체성 혼란을 겪고 있기 때문에 그게 문제라고 생각을 하지 않습니다.그 사람들은 그 혼란성 자체가 정상이라고 생각하고 그럴수두 있다고 생각하니까. 그니까 걔네들은 나를 봐두 신기해하지 않고 자기네들하구 같은 처지라고 생각함다(정금화).

그가 가장 안타깝게 생각하는 것은 회사의 유럽 혹은 서양의 인재들과 자신을 비교했을 때 느끼게 되는 한계이다. 자신의 한계에 대한 인식은 생득적인 민족적 신분에 대한 원망과 민족적 운명에 대한 한탄으로 이어진다. 그는 "한족들의 5000년 역사에는 조선족이라는 존재가 없고, 또 조선의 500년 역사를 우리 민족의 역사"라고 말할 수도 없는 '조선족'으로서의 민족적 기원을 찾아볼 수 없는 현실에 불만을 품는다.

> 한족 애들이야 자기네 5000년 역사 있다구 떠들어 댈 수 있어도 우리는 그렇다구 한국하구 관계있게 조선 500년 역사라구 이렇게 말할 수도 없고 그 한족들의 5000천년 역사에는 우리들의 존재가 없고 그렇잖아요. 그리구 조선족은 어떻다고 할까……그리구 조선

족은 어떻다고 할까...미국애들처럼 막 창의적인 인재가 나오든가. 그렇지도 못하고. 그냥 방탕한 애들만 그런"인재"들만 나오고...동양교육 의식 상태는 원래 서양하구 수평적으로 비길 수도 없는거고. 만약 가정에서 부모가 서양에 보내서 공부시킨다면 모를까. 자식교육을 시키려면 서양에 보내서 교육시켜야 그곳의 교유시스템이랑 받아들이고 그래야 애가 어려서부터 사고방식이랑 뇌공간 구조랑 다르게 발달되겠는데...(정금화)

따라서 4년 동안의 회사 생활을 거쳐 그는 "자신의 머리에서 조선족이라는 개념"은 점점 사라지고 있다고 말하면서 스스로를 "3개국 언어를 구사할 줄 아는 국제인"으로 규정하고 있다. 또한 "자신은 이미 한국국민보다 나은 존재이며, 그들과 평등한 위치에 있는 것이 아니라 그들보다 더 우월한 '국제인'으로 부상하는 존재"라고 인식한다. 그러면서도 그는 "중국인들이 보다 합리적이고 발전성이 강하고 건설적인 생각들을 하기에" 스스로를 "중국인으로 인식하고 정당화"하는 것을 통해 자신에 대한 이미지와 평판을 높이고자 한다.

뿐만 아니라, 한국인들 앞에서는 자신을 "교포 혹은 이민 4세"라고 돌려서 말한다. 그러한 칭호를 사용하면 한국인들의 편견을 덜 받을 것이라고 생각하기 때문이다. 이러한 그의 행위는 중국이라는 국가적 소속을 도구화하여 자신에 대한 사회적 평판을 높이고자 하는, 또 (재미)교포나 이민 X세라는 차별적 기제가 덜 작동하는 언어를 사용함으로써 자신에 대한 편견을 감소시키고자 하는 전략적 행위인 것이다.

내 머리에 이젠 조선족이라는 개념이 많이 사라진 거 같습다. 그냥 세 개 나라 말을 할 줄 아는 어떤 국제적인 사람. 난 이미 한국 국민보다 더 낫다고 생각함다. 한국 사람들이 그렇게 부러워서 되고 싶은 상대는 아님다. 아무리 돈이 많고 지위가 높아도……. 회사에서는 거의 중국 사람이라고 생각하고 일함다. 나를 중국인이라고 생각하고 정당화 함다. 왜냐하면, 중국 사람들이 더 합리적이구 발전성이 있으니까. 한국 사람들은 좁은 땅에서 희망도 없이 사는 사람이 많은데 아무리 좋은 기업 다녀도 직원으로 잘 살 생각하지 창의성이나 독립성은 중국 사람보다 많이 뒤짐다. 기술직이나, 전문직 하는 사람은 중국 사람들이 더 합리적이고 건설적인 생각함다. 그리고 그 사람들하고는 그냥 조선족이란 단어를 잘 안쓰고 교포라거나 이민 4세대라거나 좀 돌려서 말하긴 함다. 그럼 한국 사람들이 조선족이란 말 듣는거보다 편견이 덜 생기는 거 같기도 하고(정금화).

　그리고 그에게 있어서 '조선족 타운'은 '문화적 충격'의 장소로서 절대 다시 가고 싶지 않은 곳이며, 한국의 조선족 문제는 조선족 스스로가 해결해야 할 문제이다. 이러한 구술에서 그가 '조선족'이라는 민족 실체를 강하게 부정하고 있다는 것을 알 수 있다.

두세 번 대림동에 갔었는데 나는 그 곳이 너무 싫습다. 처음에는 훈둔(混沌:만두국 비슷한 중국음식)이 너무 먹고 싶어서 남편같이 갔댔습다. 그리고 남편 친척들이 생일을 쇠면서 갔댔습다. 그런데 그때 나는 진짜 문화적 쇼크를 받았습다. 정말 가장 최하층 노동자들이 모여서 남편 이모들의 동창들인데 모여서는 아주 저질적인 대화를 하는데 나는 마치 인생의 가장 밑바닥 속으로 빠져 들어가는 느낌이 들었습다. 나는 열심히 지위상승을 위해 노력하는데, 이런 상황에 직면하니까 막 낭떠러지로 떨어지는 느낌을 받았습다. 진짜 완전 문화적 충격임다. 조선족의 현재 문제는 중국에 경제가 발전해야 연변 경제가 발전해야 근본적으로 문제 해결되지. 그래야 조선족들도 굳이 여기서 이런 대우 받으면서 일할 필요 없지 않습다. 한국 사람인데 백번 말해봐야 조선족이 소질이 낮구, 경제력이 딸리니까 그 부분을 존경해달라고 할 수도 없고 자체해결을 해야지. 한국에 의지하기는 어려운거 같슴다(정금화).

아니러니 한 것은 신분상승을 위한 노력의 한계에 대한 그의 인식이 남편의 무능력에 대한 원망으로 환원되면서 가족관계의 파산으로까지 그 영향이 파급되었다는 점이다. 그는 회사의 유럽 혹은 미국에서 태어난 한국인들과 자신의 조선족 남편을 비교하던 끝에 결국에는 남편의 '무능력함'을 참지 못하여 이혼을 선택한다.

회사에는 미국 애들 유럽 애들이 많습니다. 걔네들을 보면 머리가 영 다 총명하지만 노력을 또 아이 하는 건 아이란 말입니다. 걔네는 사유도 글로벌적인 사유를 하기 때문에 존경받을만한 것 같슴다. 그런 거 보면 자신도 빨리 흡수하고 싶고 빨리 발전되고 싶고 그런 생각이 많슴다. 그런데 그기에 비해 조선족남자들이 발전하는걸 보면 바닥에서 기고 있다는 느낌이 듬다. 그래서 자꾸 오빠하구 비교를 하게 되구. 제일 처음에 한국에 석사 공부하러 들어왔을 때는 아무런 생각도 없이 아주 행복하게 들어와서 공부도 하고 그랬는데 졸업을 해서 회사에 들어가서 그런 사람들을 보니까 그리고 자신의 남편을 보니까 하…… 그냥 그렇게 같게 발전해라 하기보다 넌 아예 그렇게 될 수 없구나 하는 그런 생각을 가지게 됐슴다. 그냥 나는 이렇게 우로 올라가고 있는데 그쪽은 그냥 바닥에서 기고 있었으니까. 내 발전에 도움을 주기는커녕 그냥 잡아당기고 있었으니. 내 2.3년 이래 가장 많이 한 생각이 어떻게 남편되는 사람을 개조할 것인가 거기에 대해서 많이 생각했는데, 어떻게 이 사람을 인도해야 하는가, 내가 원하는 방향으로 거기에 대해서 생각을 많이 했는데, 결국은 실패했슴다(정금화).

2. 실천전략들의 차이와 의미

지금까지 일상에서 전개되는 개별적인 행위주체들의 실천전략
에 대해 살펴보았다. 구체적으로 그들이 어떠한 자원을 동원하여
자신을 둘러싼 법적·제도적, 사회·문화적 차별에 대응하고 있
는지를 살펴보았다. 여기서는 재한 조선족의 실천전략들의 차이
와 의미를 알아보고자 한다. 이를 위해 먼저, 앞에서 살펴본 구체
적인 실천전략의 내용을 <표 8>과 같이 정리해보았다.

<표 8> 실천전략의 유형

| | 특징 | | 실천전략 |
	'조선족' 정체성 유지	주류사회 진입의지·관계유지	
I	0	0	사회적 위치 변화시키기 적당히 드러내기 '중국인' 강조하기
II	0	×	정책·제도개선하기 신분 감추기 갈등시 정면충돌하기
III	×	0	한국국민 되기
IV	×	×	국제인 되기

먼저, I 유형의 구체적 실천들에서 보이는 차이에 대해 설명하
고자 한다. I 유형에서도 '적당히 드러내기'로 요약되는 실천방식
은 성별에 따라 다른 양상을 보인다. 구체적으로 말하자면, 여성

의 실천방식이 남성에 비해 상대적으로 유연하다. 예하면, 여성은 주위의 사람들이 중국을 일정하게 알고 있다고 판단되는 상황에서 '중국인' 정체성을 적당히 드러냄으로써 중국에서의 자원을 동원하여 자신의 존재가치를 드러내고 '조선족'으로서 인정받고자 한다. 그러나 남성들은 여성에 비해 내부로부터 조선족과 한국인의 경계를 긋는 경향이 강하다. 즉 그들은 우리와 한국인, 사회주의와 자본주의 등 2분법적인 틀로서 자신과 한국인의 충돌을 해석하고자 하며 한국인들을 이해하려고 하는 대신 자신이 허용할 수 있는 범위 안에서는 참고 견디지만 참을 수 없을 때에는 직장을 그만두는 방식으로 한국사회와 관계를 유지하고자 한다.

뿐만 아니라 출신지에 따라 다르게 표출된다. 조선족 산거지역에서 살아온 조선족은 한족들과의 빈번한 상호작용 속에서 자신이 한족들과 다른 민족인 '조선족'이라는 소수민족 의식을 강하게 보유하고 있으며, '조선족' 정체성을 지키고자 하는 의지가 상대적으로 강하다. 스스로를 지키고자 하는 내면화된 실천방식들은 한국에 와서도 그대로 유지된다. 즉, 그들은 한국인과의 상호작용 속에서 조선족으로서의 '정체성'을 유지하고자 한다. 이러한 양상은 차별의 경험에 의해 강화되는 '정체성'이 아닌, 중국에서 형성된 기존의 정체성을 유지하고자 하는 의지의 확장인 것이다. 이와 같은 경험적 사실은 차별을 많이 받을수록 기존의 정체성이 강화되는 것이 아님을 말해준다. 즉, 스스로를 규정짓는 행위는 중국과 한국 두 국가를 거치는 사회적 삶에 영향을 받는다.

또한 계층에 따라 차이를 보인다. 계층이 낮으면 낮을수록 더욱 많은 차별을 받기에 기존의 정체성을 유지하고자 하는 경향이 강하다는 것이 기존 연구의 결과라면, 여기서는 정반대의 양상들을 볼 수 있다. 조사를 통해 알 수 있듯이, 서비스업, 건설현장 등 직업에 종사하는 조선족이 많아짐에 따라 같은 업종에 종사하는 한국인들은 갈수록 조선족의 행위양식을 더욱 잘 이해하게 되었고 또 중국의 실정도 잘 알게 된다. 때문에 조선족들이 많이 종사하고 있는 서비스업, 건설현장에서는 한국인과 조선족들의 갈등이 시간이 갈수록 적어지게 되며, 따라서 조선족들이 스스로에게 "나는 누구인가"라는 문제를 제기하는 일은 점점 감소된다. 오히려 회사원, 학생 등 높은 계층에 속하는 한국인일수록 조선족과의 접촉이 빈번하지 않으므로, 조선족들에게 차별이라고 인식할 정도의 질문을 던질 때가 많다. 그리하여 그러한 질문을 받은 같은 계층의 조선족 회사원, 유학생들이 자신의 '민족적 소속'에 대해 더욱 심각하게 자문하게 되는 경우가 많다.

다음으로, 각 유형별 실천전략들의 차이에 대해 살펴보고자 한다. 앞 절에서 이미 기존 정체성 유지여부와 주류사회 진입의지·관계유지 여부에 따라 실천전략들을 크게 네 가지 유형으로 구분하여 서술하였다. I유형의 사례들은 한마음협회 등 단체결성을 통해 확장하는 집단 역량을 빌어 사회적 위치를 변화시키고자 하며 주류구성원들과 평등한 관계를 유지하고자 한다. 또한 '중국인' 혹은 '조선족'이라는 기존의 정체성을 적당히 드러내는 것으로서 한국인들과의 원활한 관계를 유지하고자 하거나 '중국인' 정체성을 강조하여 비대칭적인 위치를 극복하는 것으로서, 한국인과의 평형적인 관계를 형성하고자 한다. 이러한 실천들은 중국 주류사회에 진입하는 것을 목표로 삼고 '조선족' 정체성을 강화하는 것을 통해 스스로의 존재가치를 드러내며, 집단농성 등 방법으로 조선족에 대한 제도와 정책을 개선하고자 하는 연합회의 실천과 돈을 벌어 중국으로 돌아가는 것을 궁극적인 목표로 삼고 한국인과 모순이 생겼을 때 직접적인 갈등을 빚어내는 II유형의 실천방식과는 차이를 보인다. II유형의 사례들은 한국에서 정착하려 하지 않기에, 한국인과 정상적인 인간관계를 유지할 의향이 없으며 자신들의 실천에 대한 한국사회의 평가와 반향을 신경 쓰지 않는다. 그러므로 상대적으로 강력하고 극단적인 방식으로 자신들을 둘러싼 상황에 대처하고자 한다면, I유형은 한국사회에 정착하고자 하거나 한국에서 안정적인 삶을 살고자 하기에 상대적으로 유연한 방식으로 한국인과의 모순을 최대한 감소시키고 한국사회에서의 원활한 삶의 공간을 확보하고자 한다.

I, II유형과는 달리 III, IV유형은 '조선족' 정체성을 부정한다. 이 두 유형은 완전히 '조선족' 집단으로부터 벗어나 한국 국민으로 살아가고자 하거나 혹은 '국제인'으로 살아가려고 한다. 또한 이 두 유형은 모두 탈공동체를 꿈꾸지만 재영토화하고자 하는 공간에 있어서는 차이를 보이고 있다. III유형에 속한 사례는 한국에서의 재영토화를 시도하며 한국사회에 통합되고자 하지만, IV유형은 '국제인'이라는 중국과 한국이 아닌 '제3의 공간'을 찾아가고자 한다.

앞의 분석을 토대로 재한 조선족의 실천전략들이 지니는 의미를 살펴보도록 하자. 재한 조선족의 실천은 개별적 실천과 집합적 실천으로 나누어 볼 수 도 있다. 먼저 그들의 Ⅰ, Ⅱ, Ⅲ, Ⅳ유형에 속하는 개별적 실천에는 한국문화에 대한 일방적인 적응이나 모방이 아닌 '조선족'으로서 주류집단 구성원들로부터 인정받고자 하는 욕구가 담겨 있다. 또한 주류집단 간의 비대칭적 관계를 경험한 행위주체들이 그러한 비대칭적 관계를 포착하고 그것에서 벗어나고자 하는 능동성을 내포하고 있다.

다음으로, 사회적 위치를 변화시키고자 하는 Ⅰ유형의 집합적 실천에는 집단결성을 통해 형성되는 힘들을 자신들의 사회적 자본으로 확보함으로써 주류사회의 사회적 배제를 보완하는 전략적 구사능력, 집단 간 경계의 틈새에서 자신들의 장소와 사회적 공간을 구성해가는 능동성, 자원봉사 방식을 선택하여 자신들도 한 사회를 구성해나가는 똑같은 시민을 보여주고자 하는 합리적 판단의 능력 등 실천주체의 능동성이 발견된다. 동시에 법적·제도적, 사회·문화적 차별에 직면한 그들의 장벽 뚫기는 자신들의 틈새 찾기로 이어지며 그러한 틈새 찾기는 집단결성을 강화하고자 하는 의지로 확장된다.

이와 반면에, 제도, 정책을 개선하고자 하는 Ⅱ유형의 집합적 실천은 집합적 실천은 조선족의 역사를 발굴하고 동원하여 그것을 자신들의 실천논리로 삼고 있다. 즉, 주류집단 구성원, 즉 '일반화된 타자'(generalized others)와의 상호작용을 통해 존재의 정당화와 사회적 위치를 개선하는 것이 아니라 '조선족'이라는 존재의 당위성을 그 실천논리로 삼고 있다. 또한 실천을 주도하는 주체들은 법적·제도적, 사회·문화적 차별에 대한 비판적 인식을 가지고 있으며, 그러한 비판적 인식은 구체적으로 재한 조선족을 둘러싼 정책과 제도의 불합리성에 대한 거부와 저항으로 드러난다. 따라서 실천주체들의 변혁의 의지와 실천방식에는 '집단농성'과 같은 직접적이고 전투적인 방식뿐만 아니라, 「문화공연」의 방식을 빌어 '중국의 조선족'으로서의 정체성을 강화함으로써 변화의 계기를 모색하는 유연한 실천전략을 포함한다. 이러한 실천에는 법적·제도적, 사회·문화적 차별에 문제제기를 하지 않는 개별적 실천과 Ⅰ유형의 집합적 실천과는 구별되는 급진적인 능동성을 내포하고 있다고 할 수 있다.

이와 같이 실천주체들은 실천목표와 방식에 있어서는 차이를 보이나 구체적인 차이에도 불구하고 모두 스스로의 생존 공간을 확보하기 위해 또 한국사회의 인정을 받기 위해 나름대로의 실천전략을 구사하고 있다. 현지조사와 참여관찰에서 만났던 조선족들은 기존의 차별 질서 속으로 포섭되면서도 동시에 그러한 장벽을 뚫고 나가거나 회유되어가는 모습을 동시에 보여주었다. 그러한 주체들의 능동성의 면모들은 지금까지 이주 행위주체들을 피해자나 수동적인 무기력자로 간주해 왔던 인식틀의 변화를 요하는 경험적인 단서라 할 수 있으며 공동체 구성원들의 공존 가능성을 보여주는 계기라고 할 수 있다.

재한 조선족들은 이주 초기 최저 생계의 경계에서 점점 벗어나고 있다. 그들의 생계욕구는 점점 다른 인간적 요구들, 즉 더 예리하게 자신들이 처한 열등한 사회적 위치를 느끼면서 자신들의 정체성을 인정받고자 하는 욕구로 이어진다. 그리고 자신들로 하여금 한국의 주류사회에 참여하기에 부족하다고 믿고 있었던 '조선족'이라는 신분에 대한 자각은 그들의 사고와 감정, 나아가 스스로를 새롭게 규정짓는 행위들을 추동함으로써, 다양한 실천전략을 구사하면서 스스로의 삶의 공간을 확장해나가도록 하였다.

중요한 것은, 조선족들이 다양한 실천전략을 구사하면서 살아간다고 하더라도 그들은 여전히 자신의 정서적 안정을 '조선족' 집단에서 찾으려 하고 그러한 행위들이 나아가 '조선족 타운'이라는 지역적 경계를 구축하게 됨으로써 지역적 경계 안에서의 조선족들의 단체결성을 촉진하게 되었다는 것이다. 더욱 중요한 것은, '조선족 타운'의 확장, 조선족 단체결성의 활성화 등은 집단 외부인들이 조선족들을 게토화(ghetto)된 집단으로 생각하도록 만드는 가시적인 경계로 작동한다는 것이다.

'조선족 타운'의 지역적 경계는 실제로 조선족들 스스로에 의해 재생산되고 있다. 예하면, '조선족 타운'에서 수행되는 조선족들의 문화적 소비의 실천은 객관적으로 구성되어진 한 집단문화의 재현이기도 하지만, 그들이 자신의 존재가치를 부각시키기 위해 문화적 과소비를 행할 때, 그것은 집단 외부인들이 조선족에게 부과하는 공동체성이 되고 '미개한' 집단 문화로 자리매김하는 원인이 된다. 나아가 그것은 '조선족 타운'을 더욱 슬럼화된 지역으로 자리매김 시킴으로써 한 도시의 지역적 경계를 재생산시킨다. 즉, '조선족 타운'에서 조선족들의 행위는 한국인들에게 조선족들의 강경한 태도, 사회적 부적응으로 인한 분출의 어쩔 수 없음으로 이해되면서 그들의 반감을 자아낸다. 현지조사를 통해 수집한 자료에 의하면 '조선족 타운' 내에서 조선족들이 술을 마시고 몸을 가누지 못하는 등 주정을 부리는 행위, 아무 곳에나 침을 뱉고 담배꽁초를 버리고 교통질서를 위반하며 음주와 폭행 등의 물의를 일으키는 것은 조선족들을 비위생적이고 폭력적인 존재로 인식하게 하는 요소들이다. 그리하여 '조선족 타운' 내에는 일종의 조선족에 대한 공포와 부정적 분위기가 조성되었고 한국인들은 조선족들의 행위를 자신들과 비교하면서 조선족 문화를 낙후한 문화로 규정한다.

조선족 단체결성도 조선족들만의 사회적 공간을 형성함으로써 한국사회에서 어떠한 영향력을 행사하는 듯이 보이지만, 그것은 가시적으로 드러나는 '조선족' 집단의 결성으로 인해 오히려 집단 간 경계를 더욱 견고하게 구축시키는 결과를 가져왔다고 할 수 있다. 그들의 집합적 실천이 한국인 집단에게 활용 가능한 인적자본으로 취급되었을 때는 모든 경계가 금방 무너질 듯이 보이지만, 한 집단의 배타적인 응집력으로 취급되었을 때는 집합적 행위로 인한 집단 간 경계가 더욱 구축되며, 경계는 재생산의 구조 속으로 편입해 들어간다고 할 수 있다. 그리하여 주류사회로 진입하려는 그들의 목표는 점점 현실과 멀어지게 되며, 오히려 이미 형성된 한 집단-조선족 단체라는 울타리 때문에 집단 간 경계는 재구축된다.

그렇다면, 한국사회에서 조선족과 한국인 집단 간의 경계가 재생산되고 있는 원인은 무엇인가. 그것은 한국인과의 정상적인 인간관계가 성립되기 어려움을 느낀 조선족들이 사회적으로 차별적 시선이 없고 위압감도 없고 고향의 정을 느낄 수 있는 '조선족 타운'으로 모여들며, 자신들의 공동체 속에서 정서적 안정을 찾고 자 하기 때문이다. 결과 '우리'라는 '울타리', 즉 스스로 설정한 조선족 집단 경계 안에 자신들을 포함시키고 그 경계 안에서 집단 구성원끼리 어울리며, 어쩌면 한국사회에서보다 같은 집단 내에 서의 사회적 역할을 더욱 마음에 두게 되는 것이다.

이와 같이 집단의 외부인들에게 조선족들의 적응장애로 인식되 는 행위들은 결국 상호작용을 하게 되는 한국인 집단과 조선족 집단 간의 사회적, 역사적, 문화적 차이 때문이라고 할 수 있다. 두 집단 간의 사회적, 역사적, 문화적 차이는 조선족들의 한국어 구사능력, 일정 정도의 문화적 동질성 등을 기반으로 한국인 집단 구성원과의 원활한 의사소통을 이루어냄으로써 해소할 수 있는 것이며, 아래로부터의 변화를 통해 한국사회에서 평등한 성원이 되고 주류집단 구성원들과 공존을 할 수 있는 기반을 마련할 수 있는 것이다.

재한 조선족의 실천전략에 대한 고찰을 통해 알 수 있듯이, 재 한 조선족들이 지향하는 공간은 중국일 수도 있고 재영토화를 이 루어내고자 하는 한국일 수도 있으며 중국도 한국도 아닌 '상상의 공간'일 될 수도 있다. 때문에 한국사회에 잘 적응해 살기를 바라 는 일부 조선족들은 주류사회의 평등한 성원이 되기를 강력하게 원하고 있으며 한국사회에 친밀감과 통합의 의지를 보이고 있다. 하지만 주류사회와의 구조적 장벽이 결국은 그들을 좌절하게 하고 끝내는 조선족 집단으로 귀속하게 함으로써 집단적 경계를 구축하도록 하는 것이다. 이러한 현상은 장기적으로 볼 때 한국사회의 다문화 실천의 긍정적인 결과와는 거리가 먼 것이라고 할 수 있다.

# 제2절 실천전략별 귀속 의식과 정체성 유형

1. 실천전략별 귀속의식과 정체성

　재한 조선족의 정체성 유형을 알아보기 위해서, 여기서는 앞 절에서 설명한 네 가지 유형의 실천전략의 특징과 실천전략별 귀속의식의 관계를 요약적으로 제시하고자 한다. 이를 위해 앞에서 살펴본 구체적인 실천전략의 내용 및 귀속의식의 관계를 정리하면 아래의 <표 9>과 같다.

<표 9> 실천전략과 귀속의식

	실천전략		특징		국적	귀속의식	지향 공간
			'조선족' 정체성 유지	주류사회 진입의지·관계유지			
I	안정적 실천 모색	사회적 위치 변화시키기	0	0	한국	경계인	한국
		적당히 드러내기			중국	경계인	중국
		'중국인' 강조하기			한국	중국인/중국 조선족	한국
II	기존 정체성 강화	정책·제도 개선하기	0	×	중국	중국 조선족	중국
		신분 감추기			중국	중국 조선족	중국
		갈등시 정면충돌하기			중국	조선족	중국
III	한국국민 되기		×	0	한국	한국인	한국
IV	국제인 되기		×	×	중국	제3의 존재	초국적 공간

첫째 I 유형은 한국 주류사회 진입을 원하는 사람들이다. 이들은 한국에서 '동포'로서의 지위를 확립하고 한국인과 동등한 사회구성원이 되기를 목표로 하기에, 유연하고 안정적인 방식을 통해 한국 주류사회와 관계를 유지하고자 한다. 단체결성을 통해 확장되는 인적 자본을 기반으로 안정적으로 사회적 위치를 변화시키고자 하며, 한국인들과의 차이를 한국인 스스로 받아들일 수 있도록 '중국인' 정체성을 적당히 드러내거나 강조함으로써 주류사회

와 관계를 유지하고자 한다. 이에 반해, Ⅱ는 중국 주류사회에 진입하는 것을 궁극적인 목표로 하는 유형이다. 때문에 한국 주류사회와 한국인과 원활한 관계를 유지할 의지가 없다. 따라서 기존 정체성의 강화를 통해 '동포'로서의 법적지위를 인정받고자 하거나 한국인과 충돌할 경우 정면 대립하는 강력한 실천전략을 구사한다.

Ⅰ과 Ⅲ의 실천전략과는 달리, Ⅲ의 한국국민을 지향하는 사례의 특징은 '완전한 한국인으로의 동화'라고 요약할 수 있다. 예를 들어, 이종구·임선일(2011; 64)에 의하면, 재한 조선족의 에스니시티 유형은 문화적 정체감과 주류사회와의 관계라는 두 개의 척도를 기준으로 구분되고, 재한 조선족의 에스니시티는 이주초기 '신유목민형'에서 '현지 적응형', '귀소지향형', '상황선택형'으로 변용된다. 이 중 '신유목민형'은 출신국인 중국 조선족의 정체성을 유지하지 않고, 대신에 이입국인 한국 주류사회와 관계를 유지하려는 동화전략이다. 세부적인 내용은 달리하나 위의 Ⅲ의 '한국국민 되기'를 원하는 사례들이 이와 유사한 실천전략을 보이는 유형이다. 즉 이들은 한국국적을 취득하여 한국에 귀화함과 동시에 '조선족' 집단으로부터 탈리하고 완전한 한국인 살아가고자 한다. 하지만 외부로부터의 규정에 직면하여 '한국인'이라는 귀속의식은 '신분 감추기'라는 전략적 행위로 발현된다.

마지막으로, Ⅳ의 사례들은 '조선족' 집단으로부터 탈리하고자 하며 초국적 공간을 지향하면서 '국제인'으로 살아가기 위한 실천전략을 구사한다. 그 과정에서 '중국인' 정체성을 자신의 이미지와 평판을 상승시키기 위한 도구로 활용하여 스스로의 삶의 공간을 확보하고자 한다.

다음으로는 지금까지 분석한 내용을 종합하여, 재한 조선족의 정체성을 다음과 같이 네 유형으로 정리하였다. 즉, 위의 <표 9>에서 제시한 실천유형별 '특징'을 별도로 구분하여 보았다. '특징'의 두 가지 내용인 '조선족 정체성 유지여부'와 '주류사회 진입의 의지 및 관계유지'의 의향이 있는지의 두 가지 항목을 교차한 결과, 아래의 <표 10>와 같이 네 가지 유형으로 나뉘었다. 이 글에서는 이들 네 가지 유형을 각각 '동포지향형', '조국지향형'[45], '귀화지향형', '미래지향형'으로 명명하였다.

<표 10> 재한 조선족의 정체성 유형

| | | 기존의 '소수민족' 정체성을 유지하려고 하는가 | |
		그렇다	아니다
주류사회와 관계를 유지하려 하는가?	그렇다	I. 동포지향형	III. 귀화동화형
	아니다	II. 조국지향형	IV. 미래지향형

위의 <표 10>에서 구분한 네 가지 정체성의 특징은 각 유형별 귀속의식 및 그 변화양상에 의해 구분된다. 첫째, '동포지향형'의 귀속의식은 국적취득을 기준으로 변화되지 않으며 중국과 한국, 한민족(동포)과 조선족 등 국가와 민족의 경계에서 유동한다. 그들은 다른 유형에 비해 한민족 공동체 구성원으로서의 '한민족 정체성'을 상대적으로 강하게 보유하고 있으며, 국적취득이후 진정

---

45) 이 글에서는 '조상의 나라', '고국', '모국'이 한국이고 '조국'은 '중국'이라는 기존의 논의에 따르고자 한다. 따라서 '조국'은 '중국'과 같은 뜻으로 쓰겠다.

한 '한국인'으로 변화되고자 한다. 그러나 외부로부터의 규정에 직면하여 그들은 이전에는 '한국인'이 되고자 한 반면에, 현재는 '같은 민족', '동포'라는 귀속의식을 더욱 강화함으로써 한국에서의 사회적 위치를 확보하는 실천전략들을 구사한다. 또한 중국 혹은 '중국인'이라는 기존의 국가적 귀속을 활용하여 스스로의 삶의 공간을 확보하는 전략을 구사한다. 이처럼 '동포'로서 한국 주류사회와 관계를 유지하고자 하는 의지와 국가, 민족의 경계에서 귀속의식을 생존에 필요한 도구로 활용하는 전략적 행위의 불일치 속에서 '동포지향형' 행위주체들은 스스로를 사이에 끼인 존재로 규정하게 된다. 따라서 그들의 귀속의식은 어디에도 명확히 귀속되지 않는 '경계인'의 특성을 띤다. 실천전략이 자기규정에 영향을 미쳤다면, 자기규정은 실천전략의 밑거름이 된다.

둘째, '조국지향형'은 '중국 조선족'이라는 확고한 귀속의식을 가지고 있다. 그들이 인식하고 있는 '중국 조선족'이란 구체적으로 중국 동북지역에서 역사적으로 형성된, 중국인들과도 다르고 한국인들과도 구별되는 중국의 '소수민족'임을 뜻한다. 이러한 '조국지향형' 행위주체들은 중국과 한국에서 성공적으로 살아남으려면 '중국 조선족'이라는 정체성을 확립하고 그것을 바탕으로 중국 주류사회에 진입해야 한다고 인식한다. 그러한 공동체를 구성해가는 과정에서 조선족의 '수난의 역사', 과거의 영광 등은 실천전략의 정신적 지주(支柱)와 방편으로 작용한다. 이 유형의 귀속의식은 상대적으로 확고하기에 쉽게 유동하지 않으며 변화되지 않는다.

셋째, '귀화동화형'의 귀속의식은 국적을 취득하고 한국에서 살아가는 과정에서 변화된다. 이 유형의 귀속의식은 법적으로도 ‘한국인’이고 심리적 차원에서도 ‘한국국민’이며, 국적과 정체성은 일치된다. 국적취득으로 인한 한국사회에서의 생활의 편이함, 중국사회 적응의 어려움 등이 그들로 하여금 ‘중국인’, ‘조선족’이라는 귀속의식과 애정으로부터 점점 ‘한국’, ‘한국인’이라는 귀속의식으로 변화하게 하였다.

넷째, ‘미래지향형’의 귀속의식은 ‘국제인’이라는 ‘제3의 존재’의 특성을 띤다. 이 유형의 행위주체가 규정하는 ‘국제인’이란 탈영토화가 진행되는 과정에서의 실체 없는 공간에 존재하며, 그것은 ‘조선족’이라는 생득적인 신분에 대한 혐오감과 무력감으로 표현되는 민족적 실체에 대한 강한 부정을 동반한다. 그럼에도 불구하고 ‘중국’, ‘중국인’이라는 국가적 소속은 여전히 그들의 삶의 공간을 확보하는 도구이다.

2. 귀속의식의 유동과 도구화

지금까지 재한 조선족의 실천전략의 특징과 정체성을 유형별로 살펴보았다. 이 절에서는 조선족의 실천양상 및 정체성과 관련된 중요한 요소의 하나인 귀속의식에 대해서 생각해보려고 한다. 앞장에서 살펴본 것처럼 재한 조선족의 실천유형별 귀속의식 및 그 변화양상은 서로 다르다. 예를 들어 조국지향형의 경우, ‘중국 조선족'이라는 확고한 귀속의식을 가지고 기존 정체성을 강화하는 것을 통해 한국사회에 자신들의 지위를 확립하고자 한다. 그렇지만 조선족의 귀속의식과 관련하여 이 글에서 발견되는 특징적인 현상의 하나가 각 개인별 귀속의식이 반드시 고정적인 것이 아니라 공간과 상황에 따라서 유동하고 있다는 점이다.

일반적으로 한국에 체류하는 조선족은 한국사회에서 차별과 갈등을 겪으면서 본인이 한국인과는 다른 민족이라고 생각하는 경향이 있다. 이러한 과정을 거치면서 한국에 이동한 조선족은 새롭게 정체성을 재형성하기도 한다. 즉, "나의 밖에 있는 경계와 내 안에 있는 다양한 경계를 스스로 만들고, 지우고, 가로지르면서 복합적인 민족 정체성을 만들어낸다"(임성숙, 2004: 77).

그렇다면, 구체적으로 그들의 귀속의식은 어떻게 유동하고 있는 것인가. 재한 조선족의 민족 정체성이 복합적이고 유동적으로 형성되는 것이라면, 실제 어떠한 상황에서 어떠한 과정으로 형성되고 유동하는 것인가. 이 글의 분석결과 발견되는 귀속의식과 관련하여 특히 주목되는 것이 귀속의식의 도구화이다. 일례로, "조선족에게 있어 한국국적은 다분히 실용적인 의미가 짙다. 일부 조선족에게 한국 국적취득은 실용주의적이고 도구주의적인 동기에 기반을 두고 진행되고 있으며, 코스모폴리탄적 사고를 지닌 젊은 층의 국적 취득도 지속되고 있다". 즉, "한국국적을 취득하였다 하더라도 이들의 내면까지 바뀌는 것이 아니라, 내면적인 정체성은 중국인, 중국인과 한국인 혹은 여전히 조선족으로 남아있기도 하다"(김현선, 2011: 176 − 178)

위와 유사한 맥락에서, 귀속의식 자체 또한 전략적으로 사용된다고 말할 수 있다. 즉 귀속의식이 전략적으로 활용된다는 것은 재한 조선족들이 자신의 '민족적 소속'을 자기정체성과 동일시하는 것이 아니라 국가, 민족, 집단의 경계를 넘나들면서 귀속의식을 다르게 표출함으로써 현실에 대응하는 전략적 행위를 말한다. 아래는 박용문씨가 스스로를 어떻게 규정하는 가라는 질문에 대한 주관적인 귀속의식의 내용이다.

> 동포사회에서나 한국사회에서나 동포이지만 귀화했습니다 라고 말을 했을 때 그들이 나를 대하는 태도는 완전 달라지고 대화내용도 달라져. 그러나 굳이 물어보지 않으면 말하지 않고, 동포이지만 한국인입니다 라고 말하면 동포사회에서는 좋게 안 봐. 그래서 그냥 동포이지만 귀화했습니다 라고 하는거지. 혼란을 겪을 때가 많아(박용문).

박용문의 이야기에서 발견되는 것이 그가 법적으로 '한국국민'임에도 불구하고, 한국사회와 한국의 조선족 사회에서 '동포이지만 귀화'했다는 것을 강조한다는 점이다. 이러한 규정은 그가 자신을 향한 외부의 시선에 직면하여 자신의 귀속을 상대에 따라 다르게 규정하고 있음을 말해준다.

이처럼 자신을 향한 한국인의 태도와 시선을 피해가기 위해 자신의 귀속을 대상에 따라 다르게 표출하기도 하지만, 심리적으로도 고정적이지 않는 귀속의식을 경험하는 경우도 있다. 박용문씨는 스포츠 경기 때 자신의 귀속의식이 중국과 한국 사이에서 유동하고 있음을 느끼게 된다.

헛갈릴 때가 있지. 예를 들자면 중국에서 우리는 축구를 차지는 않는데 구경을 되게 좋아해요. 축구구경을 하면서 중국에 예전에 있을 때 우리는 한국을 남조선이라고 그때 불렀잖아. 남한하구 만약에 인도가 찬다면 남한을 막 응원했었어. 중국하고 차면은 막 설레. 누가 이길까. 편이 없거든. 중국이 이겨도 좋고 한국이 이겨도 좋고 그랬었어. 초창기에 한국에 왔을 때는 한국생활에 알게 모르게 억압받던 게 있어가지고 중국하고 한국이 축구를 하면 중국을 응원하게 돼. 첨에 한국에 온 사람들은. 한국에 3,4달 있었던 분 들은 누구를 응원해 하면 한국을 응원한다고는 하지만 유심히 관찰하면 중국을 응원하거든. 중국선수가 들어가야 할 꼴을 못 넣으면 막 아쉬워하고 그런 게 있어. 슬슬 있어보면 못한 부분은 들어가고 좋은 부분들이 수면에 올라오거든. 교통도 간편하고 통신도 잘 되어 있고 문화적이고 매너 좋고 깨끗하고 이런 것들이 자꾸 수면에 올라오는 거야. 그래서 지금은 나 같은 경우에는 뽈을 차면 한국을 응원해. 희한하게 사람이 그렇게 되더라고. 이런 얘기가 정체성도 움직이는 거에요(박용문).

박용문씨뿐만 아니라, 자신의 귀속을 지역과 대상에 따라 다르게 표출하는 사례는 아주 많다. 중국과 한국에서 중국인과 한국인의 무시와 업신여김을 당한 경험이 있는 김화씨는 자신이 받아왔던 무시와 억압에 보복하기 위해, 중국에서는 한국을, 한국에서는 중국을 응원하는 일치하지 않은 귀속의식을 표출한다.

나는 중국에 있으면 한국을 응원해 막 중국 애들 욕하면서. 근데 한국으로 오면 또 중국을 응원해 한국 사람들하고 싸우면서. 자존심 보다두 그렇게 마음속으로부터 우러러……. 난 큰 시내에서 자랐잖아. 큰 시내일수록 한족 애들이 조선족 깔봐. 농촌에는 다들 순박하니까 그렇지만. 그리구 예전에 95년도 그때는 한국 애들 눈에는 중국이 엄청 못 살았거든. 그래서 중국을 깔보았잖아. 그래서 나는 중국에서 중국 애들이 있을 때는 한국을 응원하고 한국에서 한국 애들이 있을 때는 중국을 응원해(김화).

위의 사례는 이동 공간에 따라 귀속의식의 표현내용 또한 변화하는 양상을 보이고 있음을 말해준다. 이와 같은 재한 조선족들의 '이중성'—더 많을지도 모르겠지만—으로 위장된 행위, 즉 자신이 만약 중국에서 중국인을 만났다면 '한국인'과 '같은 민족'이라는 귀속의식을 표출하고, 한국에서 한국인을 만났다면 생득적인 '중국인'으로서의 국가적 소속을 표출하는 행위들은 어딘가에 귀속을 두는 듯이 보이지만 실은 '정체성'의 이름으로 자신의 전략적 위치를 찾고자 하는 유동하는 귀속의식의 양상들을 보여준다.

기존의 연구에서도 조선족 노동자 525명을 대상으로 '자신을 누구라고 생각하는가'라는 질문에 '중국에서는 한국인이고, 한국에서는 중국인'이라는 답이 가장 많은 비율인 30%를 차지하였다는 조사결과를 얻었다(김명희, 2003). 이것은 조선족들이 자신의 존재감을 상승시키기 위해 국가와 민족의 경계를 넘나들며 귀속의식을 실용적 도구로 활용한 결과의 반영으로 생각된다.

실제로 대부분의 조선족들은 중국과 한국의 국가 간 경계에서 국가적 소속을 도구화하여 자신들의 존재감을 상승시키고자 하는데, 그것은 중국과 한국, 중국인과 한국인이라는 국가 및 민족의 경계를 넘나드는 귀속의식들의 경합으로 표현된다고 할 수 있다. 즉, 그들은 대체로 지금은 비록 한 푼이라도 벌기 위해 한국으로 왔지만 점점 강대해지는 중국의 일원이기도 한 존재로 생각하고 있다. 중국이 강대해지는 날이 오면 그때는 한국이 중국보다 못한 나라로 전락될 것이고 자신들도 한국에 다시 올 일이 없다고 생각한다. 따라서 그들은 중국이라는 귀속국가 또는 중국인이라는 힘을 빌려 자신들의 한국에서의 비대칭적 존재감을 보상받고자 한다. 비교를 통해 '조선족' 신분으로 인한 주류집단 구성원들과의 비대칭적 관계에서 심리적 평형을 이루려고 하는 것이다.

동시에 현재 한국의 생활에 일정하게 적응된 조선족들은 한국이라는 문화적 동질성을 띤 나라가 있음을 다행으로 생각한다. 조선족들은 한국에서 번 외화로 고향에 돌아가 '차를 사고 아파트 사서 살며 매일 흥청망청 돈을 다 쓴 다음 차 팔고 집 팔아 또 출국하여 외화벌이를 한다.'(길림신문, 2006.10.12) 그들에게 한국은 생명수와도 같은 존재이다. 그들은 중국에 돌아가 중국인들 앞에서 부자행세를 하고 살아갈 자본이 없으면 마치 또 어딘가로 돌아갈 수 있는 자신들의 영토가 있는 존재들인 것처럼 행동한다. 이러한 행위 역시 한국인과 '같은 민족'이라는 귀속의식을 활용하여 중국에서의 자신들의 존재감을 더욱 부각시키고자 하는 전략적 행위라고 할 수 있다. 이처럼 귀속의식을 다르게 표출하며 자신의 편의와 이익을 도모하는 특성은 다음의 김국철씨의 이야기에서도 잘 나타난다.

> 너무 엇갈려. 모순이 많을 때가 많고. 가장 간단한 거 예를 들면, 내가 지금 한국국적이고 그렇지만 어디 가서 '난 한국 사람이다'라고 소리치면 저 어디서 미친놈이야 할 것이고, 또 '난 중국 사람이다'라고 하면 또 같은 민족인데 중국인 행세를 한다고 할 것이고. 또 동포사회에서도 이상하게 볼 것이고. 마음 상에서 정답이 없어. 헷갈릴 때가 많아. 그래두 한국에서 받아 아이 주면 중국에서는 받아주잖아. 그 정도지 머. 지금 우리가 이렇게 조선족으로 살아가도 한국에서 태어난 2세는 완전히 동화되어 당당하게 나는 한국인이다 하면서 살아가게 될 거야. 나는 그렇게 되는 게 좋아.

우리는 당당하게 한국인이라고 살아가고 싶지만 그렇게 안 되잖
아(김국철).

김국철씨는 법적으로 '한국국민'임에도 불구하고 한국인 앞에
서 '한국인' 혹은 '중국인'으로 자신을 명확히 규정할 수 없는 현
실에 직면하여 "한국에서 받아주지 않아서 중국에 가면 중국은
그래도 우리를 받아준다"는 식의 귀속의식을 가지고 있다. 이러한
귀속의식은 재한 조선족들이 자신을 받아주는 국가, 정책, 공간을
우선적으로 지향하고 있음을 말해주며, 그들의 귀속의식은 생존
공간을 확보하기 위한 도구적인 특징을 띠고 있음을 말해준다. 이
러한 특징은 '동포지향형'과 '미래지향형'의 행위주체들이 '중국
인'임을 표출하면서 사회적 위치와 존재감을 상승시키고자 하는
실천전략에서도 잘 나타난다.

이와 같은 사례에서 알 수 있듯이, 기존에 형성된 '조선족'이라
는 '소수민족' 정체성과 한민족 정체성은 한민족과 '같은 민족'이
라는 현실적 기대 속에서 재한 조선족들이 스스로의 삶의 공간을
확보하는 수단과 자원으로 활용하는 기본적인 바탕이 된다. 즉 기
존의 '경계인'이라는 객관적 사실은 그들이 '경계인'으로서의 귀
속의식을 유리하게 편의적으로 활용하는 수단이 되며, 따라서 '경
계인' 정체성은 그들 스스로의 전략적 행위에 의해 더욱 부각된다.

그렇다면, 재한 조선족들의 귀속의식이 가변적이고 유동적인
이유는 무엇인가. 앞에서도 서술했듯이 '동포지향형'과 '귀화동화
형'의 행위주체들은 한국국적을 취득했음에도 '한국인'으로 살아

갈 수 없음을 인지하고 '동포'로서의 지위를 확립하고자 하거나 '조선족'임을 숨기면서 살아간다. 이와 같이 국적이 정체성을 나타나는 표지가 될 수 없는 한국사회에서 대상에 따라 자신의 귀속을 다르게 표출한 효과로 그들은 사회적으로 한국인과 대칭적이고 평형적인 관계를 유지하게 되며 그로 인해 정서적인 안정과 심리적 위안을 얻는다. 이러한 현실적 대응의 방식은 귀속의식의 도구화, 내면화를 통한 적응방식이라고 할 수 있다. 따라서 초국적 시대 이주행위주체들의 삶의 전략은 하나의 정체성 표지가 아닌 다양한 정체성의 내면화를 통해 복잡하고 유동적인 이동과 상황에 대처하는 방식으로 표현할 수 있다.

조선족들은 일반적으로 "이것도 저것도 아닌 동시에, 또 이쪽에도 저쪽에도 속하는 복잡한 상황"(임성숙, 2004: 76)에서, "경계인적 정체성을 형성해간다"(김명희, 2003: 195)고 말해진다. 하지만 경계인은 다만 선천적으로 자신에게 주어진 객관적인 속성에 의해서 규정되고 지속되는 것이라고 말할 수는 없다. 왜냐하면 지금까지의 분석에서 알 수 있듯이, 재한 조선족의 '경계인'의 정체성은 객관적인 소속에 대한 규정에 의해 내부로부터 형성되는 것만이 아니기 때문이다. 오히려 조선족은 현실적 대응의 방식으로 국가와 민족의 경계를 넘나들면서, 다양한 귀속의식을 생활과 생존 등에 유리하도록 전략적으로 활용한다. 또한 귀속의식을 전략적이고 선택적으로 형성하고 표현해감에 따라 '경계인' 정체성은 그들 내부로부터 재생산되고 있다고 할 수 있다.

05

결 론

이 글에서는 한국사회에 체류하는 조선족의 구체적인 실천전략과 개별적인 귀속의식을 고찰하였다. 고찰을 통해, 조선족의 초국적 이동이 지속 심화되고 있는 최근의 경향과 같은 맥락에서, 재한 조선족 각 개인의 실천양상과 정체성 또한 매우 상이하게 다양화되고 분화되고 있음을 알 수 있었다.

중국 동북지역으로 이주하여 다중적인 소속감으로 살아가던 재만 조선인들은 다민족 국가를 구성하는 중국의 정책에 포섭되면서 점점 '중국의 일원'으로 형성되어갔고, '조선족' 신분을 생득한 조선족들은 '중국'이라는 명확한 국가정체성을 가진 중국의 '소수민족' – 조선족으로 형성되었다. 그들에게서 '고국은 한국(혹은 북한), 조국은 중국'이라는 의미의 정체성은 찾아볼 수 없게 되었으며, '조선족'이라는 하나의 '소수민족' 집단은 이미 '중국'이라는 국가 그 자체를 말해주는 징표가 되었다.

이와 같은 민족 정체성을 가지고 살아가던 조선족은 한국에 입국한 후 민족 정체성을 재구성하게 될 사회적 현실에 직면하게 된다. 한국에서의 법적지위와 사회, 문화적 차별 속에서 재한 조선족들은 사회주의 국가의 가치 및 조상, 민족 영웅, 과거의 고난 등으로 구성되는 조선족 역사를 자신들의 실천논리로 동원한다. 국경을 넘은 관념, 관습, 규범, 행위양식 등은 이주영역에서 의미의 원천이 되며 스스로의 삶을 만들어가는 전략적 도구가 되는 것이다.

또한 재한 조선족들은 스스로를 새롭게 규정짓게 되며, 외부로부터의 규정화와 스스로의 내부적 규정화속에서 재한 조선족들의 정체성은 상이하게 다양화되고 분화된다. 즉, 재한 조선족의 정체성은 기존 정체성 유지여부, 주류사회에의 진입의지, 관계유지 여부를 기준으로 '동포지향형', '조국지향형', '귀화동화형', '미래지향형' 등 네 유형으로 구분할 수 있다. 한국국적을 취득하고 자신을 한국인으로 규정하는 귀화동화형은 국적과 정체성이 일치된다. 그럼에도 불구하고 국적은 자신의 정체성을 나타내는 표지가 될 수 없다. 귀화하여 국적과 정체성이 일치된다고 해도 그들은 여전히 '한국인'으로 살아가지 못하는 현실적 조건 속에서 놓여있다. '동포지향형'은 국적과 정체성이 불일치하며 귀화동화형과 마찬가지로 '한국인'으로 살아갈 수 없음을 인지하고 이동 공간, 대상과 상황에 따라 자신의 귀속을 다르게 표출한다. 동포지향형에 속하는 사람들의 귀속의식의 변화양상과는 달리, '조국지향형' 사례의 귀속의식은 '중국 조선족'의 기존 정체성을 강화하고 유지하려는 경향을 띤다. 그리고 '미래지향형'의 사람들은 코스모폴리탄적 사고를 지닌 젊은 세대에게서 주로 나타나며, 이들은 한국과 중국의 어느 한쪽에 귀속된 존재보다는 '제3의 존재'로서 자신을 규정하고 살아가기를 희망한다.

재한 조선족의 실천전략 및 귀속의식에 대한 고찰에서 발견되는 것이 그들의 귀속의식이 구조적 차원에서 단일한 요소로 획일화되거나 고정되어 있지 않고 공간과 상황에 따라 달리 표현되며 유동한다는 점이다. 그것은 재한 조선족들이 국가, 민족, 집단 등의 귀속의식을 자신의 위치설정에서 유리한 입장에 서기 위한 전략적이고 도구적인 것으로 활용하기 때문이다. 즉, 불가피한 어떤 구조와 패턴 속에서 조선족들은 국가, 민족, 집단 등 3중의 귀속의식을 상황에 따라 자신의 생존과 존재감을 위한 도구적 전략으로 구사한다. 그 과정에서 귀속의식은 다양한 차원에서 균열을 이루기도 하고 때로는 파열되기도 하는 미분화의 구조를 형성하며, 그것은 하나의 덩어리를 이루기는 하지만 결코 고정적이지는 않다. 이와 같이 귀속의식을 도구화하는 전략적 행위를 빌어 조선족들은 사회적 관계에서의 수동적인 위치에서 벗어나고자 하며, 그 과정에서 정서적인 안정과 심리적 위안을 얻고자 한다.

이 연구는 참여관찰, 심층면접 등 현지조사를 바탕으로 재한 조선족 정체성의 양상을 심층적으로 보여주었다는 점에서 일정한 의미를 갖는다. 그와 더불어 이 글은 많은 부족함과 미흡함을 보이고 있다. 여기서는 앞으로의 연구의 진전을 위해 연구의 한계와 과제를 제시해보고자 한다.

첫째, 이 글에서는 중국에서 형성하였던 기존의 정체성(관념, 관습, 문화, 역사, 소속감)이 어떻게 한국에서의 사회적 상호작용 속에서 스스로의 삶을 살아가는 생존전략과 실천에 동원되는지를 고찰하고자 했다. 하지만 어떠한 사회적 조건 하에 놓인 사람이 어떤 상황 속에서 기존의 정체성을 어떻게 동원하고 있는지를 구체적으로 드러내지 못했다. 앞으로의 연구는 그들의 내부적인 인식체계를 더욱 세밀하게 드러내고 그에 따른 실천전략의 함의들을 면밀하게 분석하는데 주력해야 할 것이다.

둘째, 이 연구에서는 실천전략 및 귀속의식에 대한 고찰을 통해 재한 조선족의 정체성을 유형화해고자 했다. 하지만 귀속의식 그 자체가 유동적인 것이기에 어디까지가 보여주기 위한 전략이고 어디까지가 그들의 실제적인 소속과 귀속인지 정확히 분간하기 힘들다. 영원히 고정불변 하는 정체성이란 존재하지 않는 것이므로 심층면접 때의 귀속의식을 그 시기의 특징으로 간주하고 분석한다하더라도 이 글에서는 스스로를 규정짓는 과정에 영향을 미치는 변수들을 구체적으로 제시하지 못했다. 이러한 한계는 그들에 대한 사회사적 분석과 함께 그들의 실천까지 포함하는 전체를 종합적으로 파악함으로써 보완되어야 한다.

셋째, 본 연구에서는 재한 조선족들의 일상적 실천을 고찰함으로써 실천전략과 귀속의식의 관계를 조망하고 실천전략들의 차이와 의미에 대해 살펴보고자 했다. 연구를 통해 알 수 있듯이 재한 조선족들의 일상적 실천은 복합적이고 중층적인 경험 속에서 진행된다. 이러한 경험적 사실은 젠더, 세대 등 주제별 측면에서의

장기적이고 학제간적인 접근을 요하며, 재한 조선족의 삶의 현장
에 대한 장기간의 고찰과 심층적인 인터뷰를 기초로 각 주제별로
심도 있는 연구를 진행할 것을 필요로 한다. 이와 같이 각 주제별
로 깊이 있는 연구가 진행되어야 이주영역에서의 이주민 공동체
의 실천양상들과 그것이 내포하는 다양한 의미들을 제대로 포착
할 수 있을 것이다.

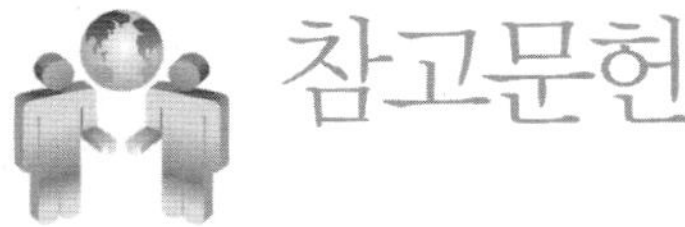

참고문헌

1. 한국문헌

강수돌, 2002, 「한국의 이주노동자－이웃인가, 이방인인가」, 『민족발전연구』
　　　제7호, pp. 93－109.

강재식, 2000, 「중국 조선족 사회의 변화와 민족정체성에 관한 연구」, 『경희
　　　대아태연구』 제7권, 경희대학교아태지역연구원, pp. 192－213.

고스기 야스시 외 엮음(황역식 역), 2007, 『정체성 : 해체와 재구성』, 파주: 한울.

구지영, 2006, 「중국 칭다오시 한인사회의 서비스 자영업층의 형성 : 칭도오
　　　시 시남구 H화원의 사례를 중심으로」, 『日·韓차세대학술회FORUM
　　　제3회 국제학술대회』 발표문.

구지영, 2011, 「이동하는 사람들과 국가의 길항관계 : 중국 조선족과 국적에 관
　　　한 고찰」, 『동북아문화연구』 제27집, 동북아시아문화학회, pp. 15－39.

국가보훈처, 1996, 『해외의 한국독립운동사료』XⅥ 일본편④, pp. 41－44.

국성하, 1996, 「중국 조선족의 한국문화적응에 관한 연구」, 연세대학교 교육
　　　학과 석사학위논문.

권태환, 2005, 『중국 조선족 사회의 변화 : 1990년대를 중심으로』, 서울대학
　　　교출판부.

권향숙, 2007, 「조선족의 이동과 정체화 : 한·중·일 조선족의 정체성에 관한 고찰」, 『중국 조선족 인구문제와 그 대책』(김병호·류춘옥 편), 민족출판사, pp. 44-58.

吉原直樹(이상봉·신나경 역), 2010, 『모빌리티와 장소 : 글로벌화와 도시공간의 전환』, 심산.

김강일, 2001, 「한민족공동체 형성을 위한 중국조선족의 역할」, 『地方行政硏究』 제15권제1호, pp. 1-29.

김경일 외, 2004, 『동아시아의 민족이산과 도시 : 20세기 전반 만주의 조선인』, 역사비평사.

김도형 외, 2009, 『식민지시기 재만 조선인의 삶과 기억』, 도서출판 선인.

김명희, 2003, 「한국 내 조선족 정체성과 한국관」, 『계간 사상』 제15권제3호, pp. 183-201.

김 원, 2005, 「한국 사회 이주노동을 둘러싼 담론 분석」, 『정신문화연구』 제28권제2호, 한국정신문화연구원, pp. 295-322.

김춘선, 1998, 「'북간도'지역의 한인사회의 형성연구」, 건국대학교 국사학과 박사학위논문.

김태국, 1998, 「중국 조선족 역사의 上限線 문제」, 『전주사학』 제6집, 전주대학교 역사문화연구소, pp. 193-203.

김해란, 2009, 「중국과 한국의 조선족정책이 조선족정체성에 미친 영향」, 전남대학교 세계한민족네트워크협동과정 석사학위논문.

김현미, 2008, 「중국 조선족의 영국 이주 경험 : 한인 타운 거주자의 사례를 중심으로」, 『한국문화인류학』 제41집제2호, 한국문화인류학회, pp. 39-77.

김현미, 2009, 「방문취업 재중 동포의 일 경험과 생활세계」, 『韓國文化人類學』 제32권제2호, 한국문화인류학회, pp. 35-75.

김현선, 2010, 「한국 체류 조선족의 밀집거주 지역과 정주의식 : 서울시 구로·영등포구를 중심으로」, 『사회와 역사』 제87호, pp. 231-261.

김화선, 2012, 「조선족 농민의 비농화와 국제이주 : 연길시 M마을을 중심으로」, 『중앙사론』 제36권, 한국중앙사학회, pp. 149-186.

노고운, 2001, 「기대와 현실 사이에서 : 한국내 조선족 노동자의 삶과 적응전략」, 서울대학교 인류학과 석사학위논문.

라셀 살라자르 파레냐스(문현아 역), 2009, 『세계화의 하인들』, 여이연.

리예화, 2008, 「조선족 유동인구의 귀향 '잔치' : 연변 음식문화의 생산과 소비에 관한 연구」, 서울대학교 인류학과 석사학위논문.

림금숙, 1994, 「중국의 시장경제 체제의 도입과 여성취업」, 『女性問題硏究』 제22집, 대구효성가톨릭대학교 사회과학연구소, pp. 139－151.

문형진, 2008, 「한국 내 조선족 노동자들의 갈등사례에 관한 연구」, 『국제지역연구』 제12집제1호, 한국외국어대학교 외국학종합연구센터, pp. 131－155.

박경태, 2005, 「이주노동자를 보는 시각과 이주노동자 운동의 성격」, 『경제와 사회』 제67호, 한국산업사회학회, pp. 88－112.

박경환, 2007, 「초국가주의 뿌리내리기」, 『한국도시지리학회지』 제10권제1호, pp. 77－88.

박광성, 2003, 「韓國의 朝鮮族 勞動者의 流入과 定着, 適應에 관한 硏究」, 서울대학교 사회학과 석사학위논문.

박광성, 2006, 「세계화시대 중국조선족의 노동력이동과 사회변화」, 서울대학교 사회학과 박사학위논문.

박금해, 1993, 「中國史敎科書에 나타난 韓國史敍述」, 『역사교육』 제54집, pp. 167－171.

박금해, 2009, 「20세기 초 間島 朝鮮人 民族敎育운동의 전개와 중국의 對朝鮮人 교육정책」, 『한국 근현대사 연구』 제48집, 한국근현대사학회, pp. 79－114.

박금해, 2010, 「1900년대 초～1920년대 日帝의 在滿朝鮮人교육정책 연구」, 『史學硏究』 제99호, 한국사학회, pp. 223－260.

박노자, 2001, 『당신들의 대한민국』, 한겨레신문사.

박명규, 2005, 「북경의 조선족」, 『중국조선족 사회의 변화 : 1990년대를 중심으로』(권태환·박광성 편), 서울대학교출판부.

박세훈·이영아, 2010, 「조선족의 공간집적과 지역정체성의 정치 : 구로구 가리봉동 사례연구」, 『다문화사회연구』 제3집제2호, 숙명여자대학교 다문화통합연구소, pp. 71－101.

박아청, 1993, 『아이덴티티의 세계』, 서울: 교육과학사.

박우, 2009, 「재한 중국 유학생의 이주현황과 특성에 관한 연구 : 한족, 조선족 유학생 비교를 중심으로」, 『在外韓人硏究』 제19권, 在外韓人學會, pp. 155－181.

박 우, 2011, 「한국 체류 조선족 '단체'의 변화와 인정투쟁에 관한 연구」, 『경제와 사회』 제91호, pp. 241－268.

박　우, 2011, 「한국의 "재한조선족" 연구 현황」, 『在外韓人硏究』 제25권, 在外韓人學會, pp. 207－228.

박정군, 2011, 「중국조선족 정체성이 한국과 중국에 대한 태도에 미치는 영향」, 경희대학교 사회학과 박사학위논문.

박창욱, 1991, 「조선족의 중국 이주사 연구」, 『역사문제연구소』 제17호, 역사문제연구소, pp. 179－197.

방동광, 2011, 「한국 언론의 '조선족'담론 변화와 정체성의 정치학」, 충남대학교 대학원 언론정보학과 석사학위논문.

변혜정, 2007, 「조선족 여성의 몸일 경험과 여성성의 변화가능성」, 『여성학논집』 제24집제1호, 이화여자대학교 한국여성연구원, pp. 111－150.

서호철, 2008, 「국민/민족 상상과 시민권의 차질, 차질로서의 자기정체성」, 『韓國文化』 제41집, pp. 85－112.

설동훈, 2000, 『노동력의 국제이동』, 서울대출판부.

설동훈, 2002, 「외국인 노동자, 현대판 노예인가 외국인 용병인가」, 『당대비평』 제18호, pp. 53－68.

설동훈, 2003, 「한국의 외국인 노동운동, 1993－2003 : 이주노동자의 저항의 기록」, 『진보평론』 제17호, pp. 246－269.

손은록, 2004, 「국제결혼 가정의 부부갈등요인과 갈등대처방안에 관한 연구 : 한국인과 결혼한 중국조선족 여성을 중심으로」, 강남대학교 사회복지전문대학원 사회복지학과 석사학위논문.

신의기, 1998, 『재중동포에 대한 범죄와 대책』, 한국형사정책연구원.

악셀 호테트(문성훈·이현재 역), 2011, 『인정투쟁』, 사월의책.

안명철, 2011, 『이주·이민과 만주지역사회의 형성』, 한국학중앙연구원 사회학과 박사학위논문.

안병삼, 2009, 「초국가적 이동현상에 따른 중국 조선족의 가족해체 연구」, 『한국동북아논총』 제52집, 한국동북아학회, pp. 153－177.

안재섭, 1995, 「九老工團의 産業構造와 工團周邊地域의 人口 및 住宅 變化에 關한 硏究」, 서울대학교 지리학과 석사학위논문.

앤더슨 저(최석영 역), 1995, 『민족의식의 역사인류학』, 서울: 서경문화사.

에드워드 렐프(김덕현 외 역), 『장소와 장소상실』, 논형.

염인호, 2008, 「중국 연변 조선족의 민족정체성에 대한 일고찰(1945,8－1950,말)」, 『한국사연구』 제140호, 한국사연구회, pp. 125－151.

예동근, 2009, 「공생을 만드는 주체로서의 조선족－'제3의 정체성'형성에 대

한 논의 : 재한 조선족의 현실과 전망」, 『在外韓人硏究』 제19집, 在外韓人學會, pp. 127－154.

예동근, 2009, 「글로벌시대 중국의 체제 전환 과정하의 종족 공동체의 형성 : 북경 왕징(望京) 코리아타운을 중심으로」, 고려대학교 사회학과 박사학위논문.

예동근, 2011, 「조선족 3세들의 서울이야」, 백산서당.

오상순, 2000, 「개혁개방과 중국조선족 여성들의 의식변화」, 『민족과 문화』 제9집, pp. 81－117.

우국희 외, 2010, 「중고령 이주노동자들의 특성 및 죽음불안 : 중국국적 동포를 중심으로」, 『노인복지연구』 제50권, 한국노인복지학회, pp. 95－122.

유명기, 2002, 「민족과 국민 사이에서 : 한국 체류 조선족들의 정체성 인식에 관하여」, 『韓國文化人類學』 제35권제1호, 한국문화인류학회, pp. 73－100.

유명기, 2002, 「외국인 노동자, 아직 미완성인 우리의 미래」, 『당대비평』 제18권, 생각의 나무, pp. 12－35.

윤영도, 2011, 「조선족 초국적 역/이주와 포스트국민국가적 규제 국가장치에 관한 연구」, 『中語中文學』 제50권, 한국중어중문학회, pp. 185－216.

윤인진, 2004, 『코리안 디아스포라 : 재외한인의 이주, 적응, 정체성』, 고려대학교 출판부.

윤휘탁, 2005, 「변방 공간 속에서의 삶과 역사 : 침략과 저항(抵抗)의 사이에서: 일,중 갈등의 틈바귀에 낀 재만조선인(在滿朝鮮人)」, 『한국사학보』 제19집, pp. 299－326.

이광규, 2002, 『격동기의 중국 조선족』, 서울: 백산서당.

이동진, 2008, 「조선족의 자영업 활동 : 심양시의 두 조선족 집거지경제를 사례로」, 『한국지역지리학회지』 제14집제5호, 한국지역지리학회, pp. 507－520.

이명민 외, 2012, 「중국 조선족의 트랜스이주와 로컬리티의 변화 연구 : 서울 자양동 중국음식문화거리를 사례로」, 『Journal of the Korean Urban Geographical Society』 제15권제2호, 한국도시지리학회지, pp. 103－116.

이미애, 2008, 「가리봉동 중국거리에서의 조선족 여성의 위치성에 대한 문화·지리학적 연구」, 중앙대학교 문화연구학과 석사학위논문.

이민주, 2007, 「재중동포의 상업활동과 정체성 형성 : 가리봉동 현장연구를 중심으로」, 연세대학교 문화학협동과정 문화학 석사학위논문.

이배용 외, 1994, 「재중국 조선족의 한국사 인식과 한국관 조사연구」, 『梨大史苑』 제27권, 이화여자대학교 사학회, pp. 5 - 53.

이용일, 2009, 「"트랜스내셔널 전환"과 새로운 역사적 이민연구」, 『西洋史論』 제103집, pp. 315 - 342.

이정문, 1985, 「20세기 초 조선족의 사립학교 교육」, 『조선족백년사화』 제1집(현용순 외), 요녕인민출판사.

이정은, 2012, 「'다문화'와 '동포' 사이의 성원권 : 재한조선족사회의 지위분화와 한국인식」, 『한국사회학회 사회학대회 논문집』, 한국사회학회, pp. 175 - 190.

이종구·임선일, 2011, 「재한 중국동포의 에스니시티 변용」, 『이주민의 에스티시티와 거주지역분석』, 이담북스, Pp. 38 - 80.

이종구·임선일, 2011, 「재중동포의 국내 정착과 취업네트워크」, 『산업노동연구』 제17권제2호, pp. 309 - 330.

이주영, 2005, 「한국 내 조선족 여성이주자의 가사노동 경험」, 『한국사회학회 사회학대회 논문집』, pp. 33 - 38.

이주희, 2012, 「중국 조선족의 한국 이주 경험과 정체성 전략 : 공장 노동자와 국적회복자를 중심으로」, 한양대학교 문화인류학과 석사학위논문.

이진영, 2002, 「조선인에서 조선족으로 : 중국 공산당의 연변지역 장악과 정체성 변화(1945 - 1949)」, 『중소연구』 제26권 제3호, 한양대학교 아태지역연구센터, pp. 89 - 116.

이진영, 2003, 「한국 내 조선족 여성노동자에 관한 질적 연구 : 생활사재구성 방법론을 중심으로」, 인하대학교 정치외교학과 정치학 석사학위논문.

이진영, 2012, 「글로벌 이주와 초국가 공동체의 형성 : 영국 거주 조선족 사회의 형성과 변화」, 『한국동북아논총』 제62권, 한국동북아학회, pp. 53 - 74.

이진영·박우, 2009, 「재한 중국 조선족 노동자집단의 형성과정에 관한 연구」, 『한국동북아논총』 제51집, 한국동북아학회, pp. 99 - 119.

이진영·이철우·이근관, 2005, 「재중동포의 중국국적 취득: 그 시점과 자발성을 중심으로」, 법무부보고서.

이창호, 2008, 「한국 화교의 사회적 공간과 장소 : 인천차이나타운을 중심으로」, 한국학중앙연구원 인류학과 박사학위논문.

이해응, 2005, 「한국 이주 경험을 통해 본 중국 조선족 기혼여성의 정체성 변화」, 『여성학논집』 제22권제2호, pp. 107 − 143.

이현정, 2000, 「"한국취업"과 중국 조선족의 사회문화적 변화 : 민족지적 연구」, 서울대학교 인류학과 석사학위논문.

이현정, 2001, 「조선족의 종족 정체성 형성 과정에 관한 연구」, 『비교문화연구』 제7권제2호, 서울대학교 비교문화연구소, pp. 63 − 105.

이혜경・정기선・유명기・김민정, 2006, 「이주의 여성화와 초국가적 가족 : 조선족 사례를 중심으로」, 『한국사회학』 제40집제5호, 한국사회학회, pp. 258 − 300.

임선일, 2010, 「에스니시티(ethnicity) 변형을 통한 한국사회 이주노동자의 문화변용연구」, 성공회대학교 사회학과 박사논문.

임성숙, 2004, 「한국 내 조선족 노동자의 민족정체성 재형성 과정」, 한양대학교 문화인류학과 석사학위논문.

임채완・김강일, 2002, 「중국 연변 조선족의 민족 정체성 조사 연구」, 『대한정치학회보』 제10권제1호, 대한정치학회, pp. 247 − 273.

전신자, 2007, 「중국조선족 여성들의 국제결혼으로 본 조선족 사회 가족변화」, 『여성이론』 제16호, pp. 57 − 77.

전형권, 2006, 「모국의 신화, 노동력의 이동, 그리고 이탈 : 조선족의 경험에 대한 디아스포라적 해석」, 『한국동북아논총』 제38집, 한국동북아학회, pp. 135 − 160.

정문수, 2008, 「재현의 공간과 문화의 혼성 : 서울 가리봉동 연변마을의 경관 분석」, 서울대 환경대학원 석사학위논문.

정신철, 2004, 『한반도와 중국 그리고 조선족』, 모시는 사람들.

정판룡, 1994, 『내가 살아온 중화인민공화국』, 서울: 웅진출판.

조윤덕, 2001, 「중국 조선족 정체성 형성과 교육」, 강원대학교 교육학과 박사학위논문.

주덕해일생집필소조, 1988, 『주덕해 일생』, 연변인민출판사.

중국조선족청년학회, 1992, 『중국조선족 이민실록』, 연변인민출판사.

찰스 테일러(이상길 역), 2010, 『근대의 사회적 상상』, 이음.

최금해, 2007, 「조선족 여성들의 한국결혼생활 적응유형에 관한 질적 연구」, 『여성연구』 제1호, 한국여성정책연구원, pp. 143 − 188.

최우길, 1999, 「중국 조선족의 정체성 변화에 관한 소고」, 『재외한인연구』 제8호, 재외한인학회, pp. 187 − 210.

케빈 그레이, 2004, 「계급이하의 계급으로서 한국의 이주노동자들」, 『아세아

문제연구소』 제116호, 고려대학교 아세아문제연구소, pp. 97－128.

하득선, 2011, 「한국 국적 취득과 재한 조선족의 정체성 : 서울시 가리봉동, 구로동, 대림동 거주 조선족의 사례」, 한국학중앙연구원 인류학과 석사학위논문.

한건수, 2003, 「'타자 만들기' : 한국사회와 이주노동자의 재현」, 『비교문화연구』 제9집제2호, 서울대학교 비교문화연구소. pp. 157－193.

한도현, 2003, 「민족주의와 이중국적의 불안한 동거」, 『정신문화연구』 제26집 제4호, 한국학중앙연구원, pp. 111－132.

한상복·권태환, 1992, 『중국 연변의 조선족 : 사회의 구조와 변화』, 서울대학교출판부.

한성미·임승빈, 2009, 「소수민족집단체류지역으로서의 옌벤거리의 장소성 형성 요인 분석」, 『한국조경학회지』 제36권제6호, pp. 81－90.

한현숙, 1996, 「한국체류 조선족 노동자의 문화갈등 및 대응」, 한양대학교 대학원 문화인류학과 석사학위논문.

함한희, 1995, 「한국의 외국인노동자유입에 따른 인종과 계급문제」, 『한국문화인류학』 제28집, 한국문화인류학회, pp. 199－221.

허명철, 2011, 「조선족공동체와 정체의식」, 『통일인문학논총』 제52권, 건국대학교 통일인문학연구단, pp. 307－328.

허명철, 2012, 「조선족 정체성 담론」, 『중앙사론』 제36권, 한국중앙사학회, pp. 451－470.

홍세영·김금자, 2010, 「조선족 간병인의 문화적응 경험에 관한 연구 : 노인 간병서비스를 제공하는 조선족 여성을 중심으로」, 『한국노년학』 제30집 제4호, pp. 1263－1280.

황승연, 1994, 「중국동포들의 한국사회 적응실태 조사연구」, 『아태연구』 제1권, pp. 183－208.

2. 영미문헌

Agnew, J., 1987, *Place and Politics: The Geographical Mediation of State and Society*, Allen & Unwin, Boston.

Anderson, B., 1983, *Imagined Communities*, London, (윤형숙 역, 1996, 『민족주의의 기원과 전파』, 나남.)

Appadurai, Arjun, 1996, Modernity at Large : Cultural Dimensions of Globalization Minneapolis: University of Minnesota Press(차원현·채호석·배개화 역, 2004, 「고삐 풀린 현대성」, 서울: 현실문화연구).

Appadurai, Arjun,, 1990, "Disjuncture dand difference in the global cultural economy", in M.Feathestone(ed.) *Global Culture*, London: Sage.

Barth, Frederick, 1967, "On the Study of Social Change." *American Anthropologist* 69 : 661−669.

Barth, Frederick, 1969, *Ethnic Groups and Boundaries*. Boston: Little, Brown.

Basch, Linda, Nina Glick Schiller and Cristina Szanton Blanc, 1994, *Nations Unbound: Transnational Projects, Postcolonial Predicaments and Deterritoralized Nation −States*, New York: Gordon and Breach.

Befu, H. (ed), 1993, *Cultural Nationalism in East Asia −Represetation and Identity*. Berkeley: Institute of East Asian Studies.

Berger P.L., Luckmann T, 1967, *The Social Construction of Reslity*, Garden City, N Y: Doubleday.

Brown, Rupert, 1995, *Prejudice, Its Social Psychology*, Oxford: Blackwell.

Calhoun, Craig, 1994, "Social Theory and the Politics of Identity", Calhoun, Craig(ed), 1994, *Social Theory and the Politics of Identity*, Oxford, UK and Cambridge, USA: Blackwell.

Cassirer E, 1970, *An Essay on Man*, Toronto: Bantam Books.

Clifford, James, 1994, "Diaspora", *Current Anthropology*9(3), pp. 302−338.

Confino, Alon, 1997, "Collective Memory and Cultural History. Problems of Method", American Historical Review, Vol. 102, no5:1368−1403.

Erikson, E.H, 1968, *Identity: Youth and Crisis*. New York, W.W. Norton.

Fanon, Frantz, 1995, *Peau Noire Masques Biancs*(이석호 역, 1998, 『검은 피부, 하얀 가면』, 인간사랑).

Fraser, Nancy & Honneth, Axel, 2003, *Redistribution or Recognition?; A Eolitical−philosophical Exchange*, London: Verso.

Fraser, Nancy, 2002, "Recognition without Ethics?", pp. 21−42. in Scott Lash & Mike Featherstone(eds.). *Recognition and Difference*, London: Sage Publications.

Gandhi, Leela, 1998, Postcolonial Theory: A Critical Introduction, Allen&Unwin (이영욱 역, 2000, 『포스트식민주의란 무엇인가』, 현실문화연구).

Geertz, Clifford, 1963, *Agricultural Involution. Berkeley*, CA: University of California Press.

Geertz, Clifford, 1973, *The Interpretation of Cultures*. New York. Basic Books.

Georg Simmel, 1955, *Gonflict*, trans. Kurt H.Wolff, Glencoe, Ⅰ 11.: The Free Press.

Giddens, A, 1991, *Modernity and Self−Identity: Self and Society in the Late Modern Age,* Polity Press (권기든 역, 1997, 『현대성과 자아정체성』, 서울: 새물결).

Gilroy, Paul, 1991, "It Ain't Where You're From, It's Where You're At…: The Dialectics of Diasporic Identification", *Third Test* 13, pp. 3−16.

Glick Schiller, Nina, Linda Basch and Cristina Blanc−Szanton(eds.), 1992, *Towards a Transnational Perspective on Migration*. New York: Academy of Science.

Glick Schiller, Nina, Linda Basch and Cristina Szanton Bland, 1992, "Transnationalism: A New Analytic Framework for Understanding Migration", *Anndls of the New York Academy of Sciences* 645, pp. 1−24.

Grossberg, L., 1996, Identity and cultural studies: Is that all there is? In S. Hall & P. 여 Gay(Eds.), *Questions of culfural identity*. London: Sage, pp. 87−107.

Guarnizo, Luis E. and Michael P. Smith 1998, "The Location of Transnationalism." In Smith, M.P. and L.E. Guranizo(eds.) Transnationalism from Below. New Brunswick, New Jersey: Transaction Publishers. pp. 3−34.

Guarzino, Luis Eduardo and Michael P. Smith, 1998, "The Locations of Transnationalism", M.P.Smith and L.E.Guarzino (eds.) 1998, pp. 3−34.

Gurvitch G, 1971, *The Social Frameworks of Knowledge*, Oxford: Blackwell.

Hannerz, Uif, 1990, "Cosmopolitans and Locals in World Culture", M.Featherstone(ed.) *Global Culture:Nationalism, Globalization and Modernity*, London:Sage, pp. 237−251.

Harvey, D., 1990, *The Condition of Postmodemity: An Enquiry into Origins* of *Cultural Change*, Oxford: Blackwell(구동희 · 박영민 역, 1994, 『포스트모더니티의 조건』, 한울).

Henri Lefebre, 1968, *La Vie quotidienne dans le monde moderne*(박정자, 2005, 『현대세계의 일상성』, 에크리).

Hobsbawm, E. and T. Ranger(eds.), 1983, *The Invention of Tradition*, New Youk: Cambridge University Press.

Honneth, Axel, 1992, *Kampf Um Anerkennung,* Suhrkamp Verlag Frankfurt am Main(문성훈 · 이현재 역, 1996, 『인정투쟁: 사회적 갈등의 도덕적 형식론』, 동녘).

Jenkins, Richard, 1996, *Social Identity*, Routledge.

Jenkins, Richard, 1997,*Rethinking E thnicity: Arguments and Explorations,* London: Sage.

Kellner, D, 1995, *Media Culture: Cultural Studies, Identity and Politics between the Modern and the Postmodern*, New York: Routledge.

Laura Uba, 1994, Asian Americans: Personality Patterns, Identity and Mental Health, New York: Guilford Press

Levin, Jack & Levin, Wiliam C, 1982, *The Functions of Discrimination and Prejudice*, New York: Harper & Row, Publishers.

Mahler, Sarah J. 1998, "Theoretical and Empirical Contributions Toward a Research Agenda for Transnationalism", M.P.Smith and Guarzino (eds.) 1998, pp. 64－102.

Mills C.W., 1956, *The Power Elite*, New York: Oxford University Press.

Morawska, Ewa, 2001, "Immigrants, Transnationalism, and Ethnicization: A Comparion of This Great Wave and the Last." In Gerstle G. and J.H.Mollenkopf(eds) *E Pluribus Unum? Contemporary and Historical Perspectives on Immigrant Political Incorporation.* New York: Russell Sage. pp. 175－212.

Ong, Aihwa and Donald M.Nonini(eds.), 1997, *Ungrounded Empires －The Cultural Politics of Modern Chinese Transnationalism*, New York: Routledge.

Ong, Aihwa and Donald M.Nonini(eds.), 1997, *Ungrounded Empires －The Cultural Politics of Modern Chinese Transnationalism*, New York: Routledge.

Pang Eng Fong, 1993, "Labor Migration to the Newly－Industrialising Economies of South Korea, Taiwan, Hong Kong and Singapore", International Migration vol 31, no.2－3.

Pessar, Patricia R.(ed), 1997, *Caribbean Circuits: New Directions in the Study of Caribbean Migration.* New York: Center for Migration Studies.

Portes, Alejandro, 1997, "Immigration Theory for A New Century: Some Preblems and Opportunities", *International Migration Review* 31.

Pred, A.R., 1984, Place as Historically Contingent Process: Structuration and the Time－Geography of Becoming Places, *Annals of the Association of American Geographers* 74(2): 279－297.

Schiller, N.G., Linda Basch and Cristina Blanc－Szanton, 1992, "Transnationalism: A New Analytic Framework for Understanding Migration", N.G.Schiller, Linda Basch and Cristina Blanc－Szaton(eds.) *Towards Transnational Perspective on Migration－Race, Class, Ethnicity, and Nationalism Reconsidered,* New York, pp. 1－24.

Shibutani, T. and K. Kwan, 1996, *Ethnic Statification: A Comparative Approach.* New York: The Macmillan Company.

Tsuda, Takeyuki, 2009, *Diasporic Homecomings,* Stanford.

Uba, L. 1994, *Asian Americans: Personality Patterns, Identity,* and Mental Health, New York: Guilford Press.

3. 일본문헌

梶田孝道・丹野淸人・樋口　直人, 2005, 『顔の見えない定住化 ： 日系ブラジル人と國家・市場・移民ネットワーク一』, 名古屋大學出版社.

宮島　美花, 2007, 「エスニック・トランスナショナル・アクター再考(1) ： 朝鮮族の新たな跨境生活圏(渡邉英夫敎授記念号)」, 『香川大學經濟論叢』80卷2号, 香川大學經濟硏究所, pp. 193－223.

佐佐木衛, 2005, 「中國朝鮮族に見られる移動と階層分化、エスニシティ」, 『階層・移動と社會・文化変容』(奥村眞知・田卷松雄・北川隆吉

編), 文化書房博文社, pp. 41－58.

佐佐木衛, 2005, 「國境を越える移動とエスニシティ ： 中國靑島の事例か
　　　ら」, アジア遊學 特集『東アジアのグローバル化』81, pp. 38－47.

小井上彰宏, 2005, 「ゲローバルと越境的社會空間の編成 ： 移民研究にお
　　　けるトラアンスナシヨナル視角の諸問題」, 『社會學評論』56卷2号,
　　　pp. 381－397.

小内透, 2001, 「日系ブラジル人の定住化と地域社會の変化」, 『日系ブラジ
　　　ル人の定住化と地域社會』, 御茶ノ水書房.

石川雅典, 1998, 「日系ブラジル人のデカセギの長期化」, 『移住と定住』(佐
　　　藤誠編), 同文舘.

前山 隆, 2001, 『異文化接触とアイデンティティ－ブラジル社會と日系人』,
　　　東京: 御茶の水書房.

俵, 有美, 2007, 「ローカル・コミュニティーと日系ブラジル人の生活展開 ：
　　　コミュニティー概念・理論の再檢討」. 金澤大學社會環境科學研究
　　　科 박사학위논문.

權香淑, 2011, 『移動する朝鮮族』, 彩流社.

4. 중국문헌

延邊朝鮮族自治州地方志編纂委員會, 1996, 『延邊朝鮮族自治州志』上, 北
　　　京: 中華書局.

延邊朝鮮族自治州檔案館 編, 1985, 「延邊地委關於延邊民族問題」, 『中國
　　　延邊吉東吉敦地委延邊專署重要文件彙編(1945.11－1949.1)』.

玄龍淳 외, 1985, 『朝鮮族百年史話 1,2,3,4』, 沈陽: 遼寧人民出版社.

徐大慰, 2007, 「巴特的族群理論述評」, 『貴州民族研究』第27卷第6期.

孫春日, 2009, 『中國朝鮮族移民史』, 中華書局.

中國吉林省延邊自治州統計局, 2009, 『延邊六十年[M]』, 香港: 中國國際
　　　圖書出版社.

朝鮮族問史編輯組, 1986, 『朝鮮族問史』, 延吉: 延邊人民出版社.

槻木瑞生, 1975, 「日本舊植民地における教育－"滿洲"および間島おける朝
　　　鮮人教育」, 『名古屋大學教育學部紀要』.

劉俊秀, 1985, 「關於民族政策中的幾個問題(1948.12.9)」, 『中國延邊吉東吉

敦地委延邊專署重要文件彙編(1945.11－1949.1)』(延邊朝鮮族自治
州檔案館 編).

5. 기타(통계, 홈페이지, 기사)

통계

구로구, www. guro.go.kr. 『구로통계연보』, 2000－2009.

서울시, www. stat.seoul.go.kr 『서울시통계연보』, 2000－2009.

영등포구, www. ydp.go.kr 『영등포구통계연보』. 2000－2009.

홈페이지

모이자 : www.moyiza.net

조선족30－40대들 : www.korean3040.co－/user

재한조선족유학생네트워크 : www.kcn21.net

가리봉교회 : www.karibong.org

서울 조선족 교회 : www.koreanchinese.or.kr

가리봉 이주노동자의 집(천주교) : www.nodongsamok.or.kr

(사)한국이주노동자복지회 : www.miwel.or.kr

이주민여성상담소 : www.g4w.co.kr

중국동포의 집 : www.g4w.net

중국동포한마음협회 : http://cafe.daum.net/yitiaoxin

중국동포타운신문 독자모임 카페 : http://cafe.daum.net/koreanchinesetown

조글로 : http://www.zoglo.net

희망지성국제방송 http://www.soundofhope.kr

연변통신 http://yanbianforum.com

방미화

중국 길림성 연변대학 역사학부 석사
한국 한국학중앙연구원 사회학부 박사

이동과 정착의
경계에서
재한 조선족의 실천전략과 정체성

초 판 인 쇄 | 2013년 8월 2일
초 판 발 행 | 2013년 8월 2일

지 은 이 | 방미화
펴 낸 이 | 채종준
펴 낸 곳 | 한국학술정보㈜
주   소 | 경기도 파주시 문발동 파주출판문화정보산업단지 513-5
전   화 | 031) 908-3181(대표)
팩   스 | 031) 908-3189
홈 페 이 지 | http://ebook.kstudy.com
E - m a i l | 출판사업부 publish@kstudy.com
등   록 | 제일산-115호(2000. 6. 19)

ISBN   978-89-268-4433-5 93330 (Paper Book)
        978-89-268-4434-2 95330 (e-Book)

이담
Books 는 한국학술정보(주)의 지식실용서 브랜드입니다.